陳艾妮《幸福工程學院(Since 1982)》全集

《7挑8選識佳偶 / 智能擇偶》

U0064856

讓我們結婚吧！

★造成不婚的40多個原因
★擇偶人的迷思
★擇偶系統的不合科學、不邏輯、沒效率
★擇偶應該要有哪些心理建設
★應該要結婚的理由

《幸福工程學院》總教練★華人世界寫書演講繪畫最多女作家、話家、畫家
陳艾妮 著

讓我們結婚吧 / 陳艾妮 著

初版：2022年12月　　定價NT$380元

國立中央圖書館出版品預行編目資料

讓我們結婚吧

陳艾妮著. -- 初版. 新北市：幸福理念行銷有限公司 2022.11
240面；21×15 公分. --
ISBN　978 986 7800 35 0（平裝）定價新台幣 380元

1. CST：婚姻 2. CST：擇偶 3. CST：兩性關係
　544.31　　　　　　　　　　　　　　　　111019783

發行者：幸福理念行銷有限公司 統編：2512-4416
電話地址：0912-44-22-33 (line)，新北市淡水區鼻頭街19號
銀行帳號：陳蓮涓 華南銀行008忠孝東路分行　120 20 0036815
郵　購：郵政劃撥帳號：1784-2281　陳蓮涓
E-mail：anniechen112233@gmail.com

總代理：旭昇圖書有限公司
電　話：02 22451480(代表號)
傳　真：02 2245 1479
郵政劃撥：12935041 旭昇圖書有限公司
地　址：新北市中和區中山路二段352號2樓
E mail：s1686688@ms31.hinet.net
旭昇悅讀網　http：/ubooks.tw/

人生就是一場派對！

幸福不能等待，幸福就在今天！

~~幸福工程(since1982)

目錄

【第2課】 破除擇偶的個人迷思

【第3課】擇偶系統的問題：
不合邏輯、不科學、不人性、沒效率 / 103

【鄭序】

《故事會》召集令：讓我們一起脫單吧！

/ 鄭儷絲

讀著艾姐這本書稿，讓我想起自己的沉重童年往事。小時候住眷村，體罰是從學校到家庭被肯定的「管教方式」，眷村小孩身上都留著巴掌、竹子、藤條、皮帶的鞭打傷痕。這樣的成長經驗，「傷痕」有多深？對著孩子怒吼的父母、體罰學生「少一分打一下」的老師，都造成小孩心中難以抹去的陰影。那個年代的我們，都是帶著家暴的影子、潛意識複製父母的婚姻印象進入社會的。「啊！『婚姻』原來長這樣??『家庭』並不溫馨？」這種認知，讓我根本就不想結婚。因此，讀到艾妮姐這本書，感覺很震撼！至今單身的我覺得很受用，她毫不留情分析「不婚主張」的獨到見解，都是我沒想過的。我感觸極深，艾姐批評父母的不合理家教。比如:罵「為什麼找不到對象？真沒用！」就像「讀書」這件事一樣，沒教孩子考高分的招式，但罵孩子考不好；沒教孩子賺錢的招式，但罵孩子賺不到錢；同樣的，沒教孩子怎麼交男女朋友的方法，甚至還禁止孩子交往異性同學(最好孩子在大學畢業前「不知異性為何物」)，然後在孩子適婚年齡拉警報時，卻罵孩子沒有找對象結婚的本事。這樣對嗎？單身的人一定想過找不到對象的原因，都歸咎到外部原因：自己工作太忙，沒時間認識對象、生活圈太小找不到合適的人、運氣太差……但真正最原始的原因，是錯誤的家教示範了不良的婚姻，讓年輕人怕結婚。

甚至，在不正確的心態下，吸引來的都是爛桃花。好在我有機會認識了說話都「如雷貫耳」的艾妮姐，過去我看到的她都在媒體裡，真正做朋友後才知她是個非常入世極好交往的人。事實上，艾姐寫了近200本書，加上數千場演講、經常上電視言人所不敢言，在20年前她就是最早的KOL，也是最始祖的網紅。目前，我身為一個主播，具有一顆非常熱愛幫助別人的心，但我欠缺夠多的情感經歷，這本書會是在我老大不小時，希望還來得及的啟蒙書。我，也被艾妮姐激勵了，我也目標要「脫單」！艾姐善於溝通，樂於學習，足夠自信，態度真誠又溫和，專業又有耐心，有粉絲有影響力，在《智能擇偶》系列的第一本書《讓我們結婚吧》發表之際，我很榮幸為之寫序，同時並參與《故事會》這個創意社群專案。2022年的聖誕夜，艾姐以73歲高齡勇敢開心梅開二度，但她不滿足於「小我」的幸福，她不願許多年輕人被錯誤觀念及大環境誤導而不婚，為了《大我》，社會系畢業的她，決定出版《智能擇偶》系列及組建《故事會》社群，她想要用一己之力，解決一些社會問題。她說，幸福不該等待，人人有幸福的權利。我相信，這本書會是我旗下的直播主們的活教材、許多人的「幸福推手」，正如艾姐所說：1個人快樂只是快樂，2個快樂才是幸福。我志願成為《幸福工程》及《故事會》的共同推手。

鄭儷絲

中華網紅協會理事長　寫於2022年11月1日

【鞠序】

已結婚的人，別忘了舉辦《周年婚宴(聯合)派對》！

/ 鞠治萍

恭喜！艾姐要結婚了！我跟艾姐相識快30年，記得當時是艾姐出書創100本的紀錄，要拍宣傳照，我開的《鐘愛一生婚紗公司》贊助她拍照，因此結了善緣。後來兩岸開放觀光，我們因緣際會一起去北京參加活動，又有了交集。中間我們好多年都失聯，直到疫情讓她由上海回到台北才又重逢。此時，我們都已是離開事業舞台多年的人了，但打開話匣子，發現我們倆都仍是滿滿的理想及幹勁、都是斜槓人生的「過動兒」。她告訴我她的心願：要找一個老伴兼玩伴，並且要重現江湖，再出山寫書演講，並且開始她的第一個天賦：繪畫。她說到做到，連著出書和開畫展，連找伴這種可遇不可求、靠努力沒法成功的事，她也做到了。她說了2022年一定要脫單，果真2022年12月24日聖誕夜就辦了「人生真的70才開始」、熱鬧創意有如辦尾牙的婚禮了，她真是個「使命必達」且神速「說到做到」的人。天時地利人和！我們找到共同的志趣，因此向宇宙下訂單，2023年要推出規劃了近2年

的方案《周年婚宴(聯合)派對》，我們攜手合作要以家族薪火傳承的周年宴專案來提倡婚姻美學。結婚不容易，維持婚姻更不容易，每對還在婚姻裡的人，都要珍惜自己的幸運而擺宴慶祝，再披婚紗，再說誓言。在此，我們呼籲：結婚中的伴侶們，別忘了舉辦《周年婚宴(聯合)派對》哦！

鞠治萍

「鐘愛一生婚禮集團」/《周年婚宴(聯合)派對》創辦人
寫於 2022年 10月30日

【自序】

婚姻家庭是人生的定海神針

/ 陳艾妮

首先，要恭喜尚未結婚者，因為你及時讀到這本重要的書，它將助你明白擇偶這件事的真相，你將改變觀念改變命運，因為「心想事成，境由心造」都是真的。旁人說現代的年輕人是不會喜歡聽我的理論，勸我別自作多情，熱心過度，我知道，書裡「言人所不敢言」的諸多主張，我會得罪讀者，但，「我不入地獄，誰入地獄？」我從小就是「綠林好漢」性格，一生不改，無怨無悔。因此，本書直言到底。

其實，《7挑8選識佳偶/智能擇偶》系統的套書早就出版於2000年，在那之前，我從來沒想過要寫這個系列。那為什麼會出版？就因為我的成名作《天龍8部看婚姻(功能婚姻)》的演講一炮而紅，演講完被人追著要買我的卡帶和書，因而開始我始料未及的《幸福工程》全集近200本書(有聲書)的出版。即，我是如有追兵、被讀者聽眾的需求追著而變成長銷量產作家的。在講婚姻的會場裡我聽到這樣的聲音：「為什麼不早說？我就因為不知道婚姻是這樣的，一開始選就選錯了，害得我離婚了。」「我根本就是選錯了對象。」說的也是，選錯了？嫁錯了？娶錯了？剩下的當然都是亡羊補牢的苦工，都是「補考」「重修」……哎。我強調幸福婚姻的最低成本勝算要靠「選好對象」，接下來的，不用

說你也猜得到，聽眾會後就是來追問：「書咧？」沒先講擇偶，好像這是我的錯？所以我就也講一些「擇偶」的想法。於是《7挑8選識佳偶》就被迫出版了。

講婚姻講親子很容易，因為主角已踢到鐵板、知道這裡有學問。而年輕的未婚者最難說服，因為他們的人生還沒有遇到真正的挑戰，未婚者對未來有許多想像、憧憬、有著不現實的自我感覺良好。若有人告訴他們：這事要小心，這事很難，這事你會犯錯……那麼這種提出忠告的人就會被討厭、被排斥。「不聽老人言，吃虧在眼前」，但還沒得到教訓的人就是會寧願「美醜沒得比，愛到卡慘死」。21世紀的戰後嬰兒潮年輕人是最好命的一代，到了00年代最新的一代，更是越來越自我的一代，是越來越難接受別人的意見的。但我的《7挑8選識佳偶(智能擇偶)》的演講及書本，得到了這樣的回響：「艾姐的擇偶論，讓我在觀念上有了180度的大轉變，行為上有了十足、再出發的勇氣。」「本來我對婚姻是不抱期望的，但聽了陳艾妮老師說的，讓我被激勵了。」後來我的演講有很多次，有夫妻抱著嬰兒來謝我，因為是我的理論讓他們結成婚的。事隔20多年後的今天，我看到：自由戀愛、開放風氣為什麼反而讓婚戀市場的問題更嚴重？於是運用我整合歸納抓重點的能力，我再次重整我的內容，結果我都嚇壞了。原來，當前影響適婚男女沒結婚的原因太多了：1，大環境因素；2，個人心理因素；3，擇偶市場的不健全與沒效率……這麼多不利於擇偶的因素，這麼多瀰漫在社會中的新舊偏差觀

念……它們已經嚴重到不婚、不生的風潮而製造社會問題、影響全民生活品質了。

別再責備我:「為什麼不早說?」一件事通常是在「天時、地利、人和」時應運而生,《由7挑8選》知識系統統合出的課程及教材,在2023年出場,目標要鼓勵大家結婚、不管是佳偶還是怨偶,總比孤單一生來得好。我當然懂得「寧缺勿濫」的道理,但,在「怎麼選也選不到理想對象」的事實中,我想勸大家「將就與湊合」一下(別罵我)。世上沒有完美、理想的對象存在。能接受「湊合、將就」婚姻的人,不是妥協,而是接受事實與現實,是成熟的行為。

「擇偶學」是人生當務之急,如果家教、學校裡至今還沒有一個完整的體系,那麼,這個工作,我來努力一下!《7挑8選智能擇偶》這一套完整簡單扼要的教材,我要言人所不敢言,指出大家共同錯誤的盲點,及不實際的期望。課程我將分析:
1/造成不婚的40多個原因;
2/擇偶人有哪些不合時宜的迷思;
3/擇偶系統不科學、不邏輯、不人性、沒效率之處;
4/想要近期以結婚為目的人應有哪些心理建設;
5/結婚有哪些巨大又具體的理由……當然,這些課上完後,就是行動篇了:確認誰是好男人好女人、怎麼找到屬於你的好男人好女人並能磨合成對象,及如何突破心圍創意擇偶,成就姻緣!

很多人不認同我鼓勵「湊合、將就婚姻」的論點，也提醒我當前選擇單身的人是「自然獨」，勸說及鼓勵並不會有用。雖然我並不很理解什麼是「自然獨」，但我還是勇敢提出我的主張。理由有：很多人並不喜歡他的工作或事業、但還不是將就做到退休？很多人的健康出了問題，但還是將就用著有病的身軀堅持活到老？⋯⋯婚姻也不過是這麼回事啊？世上沒有完美的事啦！這本課程與教材，只是給尚未結婚、猶豫找對象的朋友們一些激勵，也是為你們的情感規劃打一劑預防針。只要和工作一樣願意將就，你就能將就婚姻。鼓勵大家進入必定不完美的婚姻，這是我對社會的一點點小貢獻與功德(哈哈哈，可能是我的自我感覺良好)！就算你結了婚發現是怨偶，希望我的「功能婚姻」系統能接著幫上你的忙。有如螳臂擋車，我試圖提出一些看法，要挑戰當前的擇偶市場的眾多迷思、不合邏輯、不科學與沒效率之處。

我的許多理論，猛聽之下不合常理，但我這些不隨俗從眾的在野派主張，都有其道理，且經過市場及時間的驗證，都能顛覆主流觀念。請嚴肅看待擇偶這個課程，別再不肯聽任何人忠言，停止看大堆言情小說及愛情劇而活在幻想中。只想要一夜情、同居、多對象的的玩家，是不必上這個課程的，因為這是一個「以最終要結婚為目的者」的課程。

特別強調：我完全不反對「不婚不生」，因為這是個人的權力。自古以來就有宗教界的獨身，這是千年的傳統而非新事。只是我

這雞婆的性格，認為民間的單身主張者要清楚這主張是否是真的自己的主意，我想為大家做點分析及建言而已。我主張：擇偶，不是個人的選擇，因為它影響家庭、家族、社會與國家的品質。說誇張點，我認為走進並在婚姻裡存活，與「世界和平」都有關！我鼓勵大家結婚，我希望能創造一些佳偶及怨偶，因為就算不是佳偶，怨偶也是「偶」，總比人生一趟沒「偶」好。讓我們一起加油與祝福吧！

華人世界寫書演講繪畫最多女作家
《幸福工程學院since 1982》院長

陳艾妮

寫於　2021年12月21日
台灣新北市淡水區《海角19號》《艾妮美術館》

第1課

為什麼你還沒有結成婚？

不想結婚/結不成婚的

30多個理由(原因)

若你還沒有結婚，你一定有你的理由。但你並不知道，這些你自以為的「理由」，別人視為「藉口」，其實都是具體的「原因」。承認問題，確認問題才能解決問題。你還沒有結婚的原因有很多，多到你想像不到，猜猜有多少個原因？聽我一一分析後，就會明白：你若想不結婚，那太容易了，因為支持你這個決定的力量有很多；而你想結婚？那可是超難的事，因為那得看你能否過五關斬六將，突破以下我為你們分析出的40多種、讓你很難結成婚的原因，如下：

▊ 不婚原因之1：父母老師沒有教擇偶這堂課

當代父母要求子女「唸書」、「唸書」、「唸書」，進入社會是「賺錢」、「賺錢」、「賺錢」。小時候要比分數、長大以後要比賺錢。大人要孩子專心比分數、比賺錢、直到近30歲了，父母就開始比「婚姻」了。父母親友開始開炮：「你為什麼還不結婚？」「為什麼找不到對象？真沒用！」就像「讀書」這件事一樣，沒教孩子考高分的招式，但罵孩子考不好；沒教孩子賺錢的招式，但罵孩子賺不到錢；同樣的，沒教孩子怎麼交男女朋友的方法，甚至還禁止孩子交往異性同學(最好孩子在大學畢業前「不知異性為何物」)，但在孩子適婚年齡拉警報時，卻罵孩子沒有找到對象結婚的本事。這樣對嗎？當兒女沒動靜，沒意願時，焦急的父母就只能到公園裡的「相親角」張貼海報，但這都是大海撈針，發散彈槍。父母會罵就學就業的兒女沒本事找對

象，殊不知，同學間能有意思的早就有意思，沒意思的同學就只能是同學；辦公室裡的不是已經結婚的，就是彼此不來電的。表面上現代人上班應有許多機會，但很多人的工作性質是非常封閉的，遇不到合適的人的話，可能在一個單位上班10年都不會發生任何事。我最憂心的一群就是保守的好孩子，不懂得社交、廣交朋友，怎麼辦？現代社會表面上認識很多人，但基本上可選的對象不在這裡面。表面上看，由過去到現在，我們的婚姻自主了！戀愛自由了！可是，我們至今都在「碰運氣」，瞎找亂碰地「送作堆」，只因父母、學校、社會不曾把「如何擇偶」當作一門學問教給我們，使我們不知誰才是真正的屬於自己的「好男人」、「好女人」！因為長一輩的人自己也不知道誰才是好對象，可能他們也是受害者，因為他們的上一輩也沒有教他們怎麼選，怎麼處婚姻。如果父母的婚姻示範的是 「不良教材」，如果父母老師都沒教這一堂人生必修科，卻責備孩子沒做到好好擇偶，這有點「不教而殺之，謂之賊」的味道吧？是的，為英文、數學花費了許多心力的孩子們，沒被教過，也沒學過「如何擇偶」，怎麼辦？就只好被社會教、被網路教、被色情網站誤導了。沒有學過的事怎麼做得好？沒有學過如何找對象？當然就沒有結婚對象了。沒有從小教孩子怎麼「找」對象，等孩子長大再怪他們找不到對象，父母這是「不教而殺之謂之賊」呀。學過開車再開車才安全，沒有學過如何找對象，那就是在碰運氣了。青春期時交往異性父母視同洪水猛獸，適婚期時父母沒教我們一招半式如何選擇配偶？這樣長大的人，沒有被教過、允許過與異性交往的人，

當然就很難找到對象結婚了。所以我要問，為什麼我們從來都沒有上過這麼一堂課？應該如何看男人？如何看女人？有誰把它當回事好好教教我們？如何選擇配偶？等到選擇了配偶後才發現錯誤，再談要如何面對婚姻？若已育有子女，再問該如何處理？都為時已晚了。

▍不婚原因之2：我們沒有 「找」東西的習慣與本領

照著課本、到你該去的教室或補習班，好好讀書到大學畢業就好了。特別是過去數十年整個社會的安定與富足，讓很多孩子成長於「只要專心讀書不必做家事」的媽寶爸寶環境裡，即他們茶來伸手飯來張口，衣服鞋子都被準備好好的。越是乖孩子，好兒女，越是聽話考好中學、大學的人，最會的本領就是背書考試。這種工作很容易，內容及答案都在書上是白紙黑字，只要「把答案搬個家搬到考卷上」不就結了，基本上只用小腦，用不著思考分析，「強背」就對了。會背書的人可以一直很順遂，但也代表不曾波折，不曾自己做思考與選擇。再加上父母全方位照顧之下，長期不必自己找內衣褲、找食材煮飯、找學校、找考場、找人求助的人，怎麼有能力「找工作與找對象」？之前，東西不見了就叫父母出來，找不到就發脾氣……抱歉，離開原生家庭後，沒有找工作及對象的本領的人，就開始吃苦頭了。我想提醒催婚的大人們：兒女沒有本事找對象，父母是否有責任？大人之前有教孩子「找東西」嗎？竟然該找什麼樣的對象？我的老媽當年給

我的指令讓我傻眼：「女兒啊，將來妳要找好對象，就一定要找頭髮少、禿頭的人。」啊？為什麼會這樣？我想了想，很簡單，老媽的世界就是電視，而電視新聞裡講話的成功人士，不是政治人物，就是成功企業家，他們都是有了點年紀的人，當然已頭髮稀少或禿頭了。真是張飛打岳飛，竟有這樣的推理。老人家都不知怎麼找對象，年輕人更是不懂。沒有「找」東西的習慣與本領，難為年輕人了。

▌不婚原因之3：媽寶爸寶「不主動」的性格

這個時代，家家都把孩子當寶，且環境讓大部份的孩子都能在義務教育的保障下順利讀書長大，還因少子化，一不小心就都成了大學生。全家護持一個大學生茶來張口，飯來伸手。再加上都市生活危險多，父母為保護孩子不出事，遠離危險，訓練孩子不活動不積極向外。於是，媽寶爸寶這麼多，習慣被保護被照顧的人，往往「不主動」

「不主動」就成為當代媽寶的10大特徵之一。人與人的關係，即使是普通朋友及近親，你不主動，我也不主動的話，關係就一定慢慢消失。因為人與人之間沒有誰離不開誰，只有誰不珍惜誰。不主動，不聯絡，不用多久，彼此就成為兩個世界，何況是剛認識的人？何況是心中想找伴的人？所以越乖越保守不主動的人，就被擇偶市場淘汰出局了。溫室長大的人，越是順利越是聽話，越是不會「找」東西，也不「主動」。古代有媒婆為三兩銀子跑

斷腿幫你找對象,但現代已沒有媒婆這個職業了。你若不主動,又沒具有強大吸引力的話,怎麼會有人「上門」?「男追女隔層山,女追男隔層紗」,保守的男人被主動的女人貼上,保守單純的乖女人就一直坐在家裡成老處女。保守男追女隔好多層山,保守女不追男,結果,保守的男人被主動的、甚至是壞女人貼上(對保守善良的男人逼婚最快的方法就是懷孕,很多人一生被此綁架,活在痛苦的關係裡),當好男人被有手段的女人佔有了,那保守優質且不主動的女人呢?就一直坐在家裡成老處女。等到老大不小時一直「沒動靜」,就讓父母操碎了心。習於自私自利自保、不主動、不付出的人,讓父母到相親角去放廣告牌,付錢讓他們參加婚友社也沒用,因為如果牛不想喝水,你把牛拉到河邊牠也是不喝水的。從小教育沒有教我們「找」東西及「主動」的本領,等孩子長大再怪他們找不到對象,父母這是「不教而殺之謂之賊」呀。

▌不婚原因4:社會上竟然也沒有「擇偶課程」

父母老師沒教,那進入社會呢?奇了,也沒有。肚子餓了有餐廳與外賣;生病了可找醫生……發生各式各樣的人生問題時,我們都有專家機構可以諮詢、有急診室可以急救,但唯獨,由婚前到婚後的情感教育課題,在現今已非常發達的教育體系之中,沒有看到有效的安排。想想:如果要開車,你得去駕駛補習班學開車,並得通過考試才有駕照;你若想要做廚師,就得去報考相關

證照；想當講師，有口才訓練班……而比開車、炒菜、賣產品更重要、也更危險的「婚姻」，竟然沒有「學校」或「補習班」？不可思議吧？即使是「婚友社」，他只要你交錢給他，他幫你排約，也不教你怎麼找，就因為你不會找，他們就賺這個找人找給你的服務費。如何找對象？這一門大學問，若不比如何選科系、如何成功致富更重要，至少，也是同等重要，怎可空白？我們看到錯誤的戀情(恐怖情人)及錯誤的婚姻(折磨或離婚)，有時候會毀了一個人或一堆人。當然，已有心理輔導、宗教體系、服務專線的相關服務，但僧多粥少，還無法照顧所有的人。

一個不良的婚姻，對人的殺傷力及毀滅力是很可觀的。每年離婚家庭有多少？車禍有多少？都很可怕。這樣重要的、且有殺傷力的事，竟然沒有學校及課程，也不要求有證照才可以去做。一再提到，在我們的家庭教育、學校教育、社會教育裡，一直都欠缺跟得上時代的「情感教育」教材，結果造成情感世界的問題。家庭學校沒有教，結果社會及當事人付代價。

▌不婚原因之5：對「想婚者」的歧視

最想你結婚的人，應該就是你的父母。除此之外呢？很奇怪，社會上並非全面肯定你的求偶行動。人們會肯定鼓勵你努力讀書、找工作、找醫生(若生病的話)、找好餐廳(吃貨們積極交換情報)，但我們聽到有人想娶想嫁時，會有一些雜音出現。時下，對積極想婚的人，人們會有一種微妙的歧視態度，不會鼓勵、甚至會潑

冷水或勸阻（尤其是「單身病毒」傳播者），表面上不說，背後會這麼講：

-----真不害羞，公開說他（她）很想結婚。

-----她急著想結婚，嚇得我不敢繼續和她交往。

-----他交女朋友的目的就是要結婚，使我很有壓力。

-----又不是沒人要，幹嘛要這麼認真地整天研究婚姻？

---- 年紀這麼輕，何必那麼在乎有沒有對象？

這讓心中充滿渴望的人，更不敢聲明自己想結婚了。這事不合理！比如：你丟了工作你不怕告訴別人「我在找工作」，並且親友都會主動幫忙詢問工作機會；你若得了癌症，你會四處問人，哪個醫生好；你若想做整型，也會公開問朋友，是否可推薦好的醫美診所……唯獨你想找對象，就好像是一件丟人的事了？對內向、羞澀性格的人，一生都不敢開口，可能就因此無緣幸福。這件事尤其對女性的歧視態度更甚，因為社會認為女人應該含蓄，不該公開表明自己的需求，結果，多少事業女強人成就了事業，卻荒廢了情感。因為，她勇於開口向人要訂單要賺錢，但羞於開口向人索愛、索關係。而內向的好女孩，不敢主動，不敢表白，不表現需求，那更是無奈地落單了。積極找工作的人，我們絕不會取笑他；積極想結婚的人，我們卻取笑他？以致在網上認識的，去婚友社配成對的人要編造故事，不願承認真實的認識方式。努力找對象的人，我們不但不能取笑他，而且要提醒自己，不要尋別人的開心，吃人家豆腐，佔對方便宜，要真誠又快速地表明意願，不可吊人家的胃口。對追求伴侶者的歧視是不應該

的，我們應該說「想找對象」和「想找工作」一樣大聲，要勇敢！我們應該尊敬求偶者，而非嘲笑他們。

▌不婚原因之6：對「高齡單身者」的歧視

適婚年齡沒有結婚，拖著拖著就超齡了。這時候社會就出現另一種身份歧視，覺得你(妳)一定有問題。當著你的面會說「你眼光太高了啦。」「沒關係，緣份還沒到。」「緣份到了就有了。」……但背後可能說的是不一樣的話「這麼古怪，當然沒有結婚。」「不知是生理有問題，還是心理有問題。」表面上稱你為「單身貴族」，背後叫的是「單身狗」「老光棍」「老處女」。甚至，女性朋友會開始避著妳，怕妳接觸她的男朋友或老公，也就是被人視為「單身公害」了。我喜歡旅行，即使在我的先生在世時，也經常一個人自助揹包客，或是報名參加旅行團，每次都必定會被路人、團友問「妳一個人出來玩啊？」「妳沒有老公啊？」異性第一次認識，若是高齡者，被知道是單身身份後，往往就會被人差別待遇，就是覺得你老大不小，卻還單身，怕會被你看上而保持距離。在第二市場(中老年人二春)中，就有這樣的說法：凡是過去沒結過婚的，肯定有問題，不要考慮。意指喪偶或離婚都可考慮，但一直沒有婚姻的人，肯定有極大的問題。單身者何辜？沒有人願意接受這些潛在的歧視。人都是有自衛本能的，這種氣氛，會讓單身者形成一層防護網，更堅定自己的單身身份主張了。

▌不婚原因之7：沒有了媒婆後，「自主選擇婚姻」的壓力

以前人沒有擇偶壓力，再差再窮再醜，都會有父母做主，找「媒婆」就搞定了。要不是指腹為婚，就是媒妁之言。媒婆心中有一把務實的「尺」，員外的兒子配做官的女兒、鞋匠的女兒嫁魚販的兒子，木板門配籬笆門、鐵門對銅門，都有「門當戶對」的精準考量。方圓幾十里之內，遠親近鄰就是你的姻緣版圖。只要在三姑六婆的腳力範圍內，只要靠著媒人的小腳及「能把死的說成活的」、以及沒有「品質保證」的亂點鴛鴦譜手法，就把大部分的人都成功送進了洞房、送作堆了。當事人在掀蓋頭的當下一秒鐘，只能照單全收，若不是「見光死」就是「中頭獎」。缺點：命運，全操在別人手裡。優點：人人都有配偶。媒婆能言善道，還懂得營銷成交方式，「走馬觀花(跛腳的讓他騎馬，瞎眼的讓她拿朵花)」的招式讓人在洞房花燭之夜才知道自己中了什麼獎！禮教殺人，古代封建社會父母的包辦婚姻所造就的關係，毫無感情基礎，全憑運氣，造成多少人的一生不幸福。但，從另一方面來說，只要父母急著抱孫子，只要紅包包得大，三兩黃金就可以買得到想賺紅包的「媒婆」的三寸不爛之舌，因為有專業媒婆，再糟糕的人都可以嫁得掉、娶得到。但是投胎在現代的我們，可就不一樣了。社會上「媒婆」早就滅種了，長輩不能、也不敢管年輕人的婚事。擇偶者只能靠自己，靠商業化的婚友社及陷阱很多的網路。既然擇偶者不必、也不願再聽父母的，那一切就要靠自

己的本事和眼力了。哎，能自主婚姻是幸運，但也真不幸，因為沒學過「抉擇」的人，根本不知該如何找對象、確認對象。以前的人，婚姻不幸福，可以怪媒婆、怪父母、怪命運、怪八字。現代的人，婚姻不幸福，要怪誰？只能怪自己了。「自主婚姻」是好事，也是壓力。選擇丈夫和妻子，影響一生的快樂、事業、健康，茲事體大，當然，也就因為責任的壓力而倍感緊張。所以，擇偶又不容易了。

▌不婚原因之8：很多人沒有本事幫自己找對象

我這麼說，請別生氣，但這是事實。明白「擇偶不容易」的諸多事實，請你不要太難過，接著你也要承認你自己的問題：並不是每個人都能自己為自己找到對象，而你可能就是其中一個。在戀愛自由婚姻自主的時代裡，在許多人的想像中，以為每個人都是靠自己的本事找到丈夫老婆的。錯了！這裡有一份十分有趣的統計，指出在幾百對已婚夫妻中，「自己認識」的只占44%。不是自己認識的有多少呢？這個報告告訴我們，「人家介紹的」占45%，竟然比「自己認識」的還多1%。若再加上「父母出面、家裡安排的」，比例是11%。我們訝異地發現，在今天，透過別人介紹的成婚率（45+11＝56%）超過一半！這些統計數字告訴了我們，現代人憑自己的本領找到對象的人只占1/3多，而近2/3的結婚者仍然是靠別人，是仰仗某種程度的居間人的。要知道，最早結婚的人，未必是條件最好的人，而可能只是因為有人幫忙

而已。統計數字會說話,有56%的人是透過紅娘媒婆的介紹而成婚,即現代紅娘的角色及功能仍然很重要。當然,不想靠過傳統親友介紹,不想讓人知道他想找對象,因而願意花錢去找婚友社、花入會費去網上找對象的人已越來越多了,但,太陽底下無新鮮事,這2個管道仍然是「靠別人找對象」的。「沒本事自己找對象(我這樣說請不要生氣)」的人很多,不是只有你才如此。80%的業務員的問題是找不到客戶,擇偶也是一樣。你要承認這個事實,不要繼續驕傲下去。即,你要接受別人的幫助,要改變過去的羞澀態度,要接受紅娘的幫助。別再以為自己沒有交到異性朋友便是丟臉、不如人。更別固執地排斥、抗拒別人熱心為你安排相親或介紹。很多人是沒有本事幫自己找對象的,所以不要驕傲防衛,要接受協助。不要灰心,請繼續「7挑8選」。

▋ 不婚原因之9:「婚配市場」裡沒有很有效率的通路與平台

沒有了媒婆與長輩來包辦,又沒辦法自己找,那麼這些人的需求要往哪裡去?「婚配」是一個市場,也是一個供需行為。但此事沒有通路,是人間無奈。要找好餐廳,有網路可查資料。要找工作,人力銀行、中介公司、親友間,都可開口。要找個東西,過去有黃頁,有零售小店,有批發大賣場,現在有網頁,有蝦皮,有淘寶。只要掏錢,就能滿足各種需求。但比任何東西更重要的

「一個人」「一個男人」「一個女人」，我們沒有賣場可去找。婚友社及網路確實有幫上忙，但前者收費很高、服務量有限，且也沒保證結果。後者讓人眼花撩亂，且有陷阱，目前兩者都沒能具體解決整體需求。

關於「婚配市場」裡沒有很有效率的通路與平台，在後續的【第3課】擇偶系統的問題：不合邏輯、不科學、不人性、沒效率……我再深入分析。

▌不婚原因之10：「羅密歐與茱麗葉」都不見了

在急進又功利的社會裡，為愛投入一切的「羅密歐或茱麗葉」越來越少，但我們還是渴望！過去談戀愛的原則是，要保持害羞、矜持及含蓄，不可隨便接受感情，必須有所推託及保留，而男方以死皮賴臉、打死不退為己任，認為窮追不捨是追求的本份。然而，時代已經變了，情書攻勢、衛兵站崗、月下窗前的紳士淑女時代早已離去，在今天羅密歐或茱麗葉還有多少？要到哪裡去找愈挫愈勇、勇氣十足的敢死隊？現代人比起以前的人來，比較沒耐心、比較不耐煩。以前，為了追求一個對象要忍受很多考驗，要投資時間和金錢，要看對方及未來親家的臉色，要能容忍……，現在，生活如此忙碌，外面的男男女女那麼多，輕易情色交易也越來越普遍，彼此都不再能忍耐這些種種了。十全十美的、小說裡和電影裡的白馬王子和白雪公主，早已在今天的世界

裡是稀有人種,「等待果陀」的求偶男女們,等不到甜言蜜語,死心塌地守候等待的情人,臨門就是缺這一腳,就只是談談感情,但進不了結婚這一關。

▌不婚原因之11:太多的空中漫步與紙上談兵

這是一個自由戀愛的時代,所以,應該是處處愛苗,時時火花呀。但事實上呢?因為出版業的發達,從來沒有像現在這樣,坊間的「愛的書籍」數量之多、種類之琳琅滿目!古代,就只有梁山泊祝英台、金瓶梅、西廂記、孔雀東南飛這僅有的幾本書,就講完了擇偶、婚姻所有的故事。而現在,關於愛情的劇情,有小說,有戲劇、有電影、有電視、有網劇……即使是戰爭片,也一定要穿插進一個愛情故事為軸,即,男歡女愛之事貫穿所有的媒體。別再誤以為浪漫能當飯吃,由「距離」及「不了解」產生出的「美感」「好感」,經不起真刀真槍的考驗。短兵相接的兩性關係裡,「真實」即使不美,但至少有溫度及觸感。我寫書的主題不包括「愛情」與「浪漫」。原因有2個,1是「前半段(結婚前)」的「愛情」與「浪漫」根本不用教,天生的人人都會,生理心理到了年齡,自然就會發生;2是我年事已高,已看過太多的「後半段(結婚後)」,即,男女關係最後發展出的各種結果(怨偶、分居、離婚……),感覺,剛開始都是浪漫的,但浪漫並非幸福的保證。結婚典禮之後的漫長歲月,才是真正的戰場。如果我們在擇偶季節就看懂「後半段」的劇情,那麼對「前半段」的擇

偶興緻就會大幅減半吧。以前瓊瑤的小說及連續劇，塑造了多少可歌可泣的愛情。男女主角，在眾人的打壓下、在愛情的朝聖之旅中，兵來將擋，水來土掩，堅忍不拔地牽手克服一切人為阻力及天災意外，哇！多麼感人？最後，峰迴路轉，終於到達了「耶路撒冷」……哇，這種十字軍東征式的義無反顧真讓人陶醉啊！我特別感到奇特：瓊瑤的黃金檔連續劇有趣之處是，她的宮庭戲演員穿的都是古裝，但對白卻是白話現代的談情說愛語言，如此突兀，但又是如此自然。不合時空的戲劇情節及表達方法，照樣讓觀眾們如痴如醉，非常入迷，因為只要是俊男美女談戀愛給我們看，我們什麼都不計較了。但讀小說是充滿著想像的，看戲劇是單方面的，這些「紙上談兵」的暢銷書、或黃金檔節目如此普遍，但可歌可泣的真實愛情是不是也這麼多呢？請你回家看看，在你的書櫃上，有關如何交往、如何談戀愛及幸福家庭的書有幾本？那些書的數量和你真正談過的戀愛數量相比，哪一個多？虛擬的、媒體的、名人的、傳頌的、閱讀的、觀賞的、速食的各種愛情故事好多，而真實的、身體力行的、刻骨銘心的、**轟轟烈烈**的愛情少。真真實實地談戀愛，既不表示要馬上結婚，也不需要太多的成本，那是非常感性，非常浪漫，非常快樂的事啊！可是，大量看書追劇的人，可能連一次刻骨銘心的戀愛也沒有過？配星座是很好也很有趣的演練，但沒有個真人來配看看，就只是遊戲而已。每次在演講時問：有過**轟轟**烈烈談戀愛經歷的人請舉手！現場的反應是稀稀落落的舉手。我也問過開口閉口以星座戀愛專家自居的人：「你談過幾次戀愛？」答案是……「我還沒有

遇到適合我的星座的人。」看得多、聽得多、說得多、但做的少，甚至是沒有，這就是人生的無奈。我建議，與其讀10本書，不如談一次戀愛。讀10本游泳技術的書，不如跳下水一次。你必須開始行動，找個「真的」「有名有姓的」「活體的」對象來開始實驗，不要老是在那兒想得很久、說(否定)得很多、做得很少。書本、課程、戲劇都是好的，但不是比多就管用。讀再多的愛情小說，或試配星座，不如談一次真實的戀愛，即使不成功。就算你算命配星座了數十次，也是空的。我認為，與其看遍愛情小說、甜寵劇，不如談個戀愛，就算分手了，至少不再是空中漫步與紙上談兵。

▌不婚原因之12： 浪漫被過度美化了，偶像劇&甜寵劇創造假像幻想來彌補現實的空白

娛樂業的壯大，是為了滿足了望梅止渴與移情作用，而越來越多的人生活空白，媒體立即彌補現實的匱乏，追劇，成了許多人的生活重心。這就是為什麼所有的廣告廠商，選擇廣告上熱門電視或網路上的連續劇、偶像劇、相親節目，因為8點檔的愛情、家庭及婚變的戲劇，永遠是收視率、廣告效果的保證。消費式的浪漫濫情故事連我都喜歡追劇，我愛選現代劇來追，因為可以了解時代的商場語言及多點業外知識，因此難免選上「甜寵劇」……我的媽呀，真是甜寵膩到了極點！男主角不但是年少多金，既聰明又能幹，死追女主角，說出世上女人都期待的甜言蜜語外，這

號人物竟然還會煮飯做菜、整理家庭？若真的相信世上有這樣男人的話，妳這輩子別想看上任何人了。劇中的女主角一定是麻雀變鳳凰，由醜醜笨笨剛畢業的生手，就因為男主角的愛寵，很快地就基因突變、變身為高級管理階層。女主角的商場技能神速進展而升職如坐火箭(直升飛機已無法形容了)，這麼能幹高智商的小女生，能夠扛住辦公室的陷害，又能甜嬌到男主角狂追她不棄……一切都如此夢幻。而真正商場歷練過的人會說：騙誰呀？哪有這麼完美的男神？這麼厲害的升職者？但社會新鮮人卻可能信以為真了。愛情劇讓中老年人、已婚者也會坐在電視機前也一集一集地看下去？因為這是一種匱乏的療癒與望梅止渴。至於我，是為了市場調查了解時下男女愛情觀而看下去的，且一面看一面笑，哈哈哈。尤其看到劇中男女主角終於解開誤會相擁接吻時，一定是突然飄起雪花或雨絲，並且一定是立體迴繞慢動作鏡頭。啊！美死了呀！我則是笑死了！因為望梅止渴的心理因素，當然是：愈是脫離現實的愛情故事，愈是抓得住人心，越是令人淚落喜悅。甜寵劇的拍法，分分秒秒都在讓你想入非非，這也算是一種治療。這類鏡頭，讓你發現，你自己的戀情怎麼這麼遜色？現實中的愛情，請相信我，沒有多少是從頭到尾都是浪漫的！這就是為什麼，所有愛情故事或電影都是演到「王子公主從此過著快樂的日子」的畫面為止，並沒有演到兩人雞皮鶴髮、動手動腳、情緒語言暴力的上古婚姻階段。如果扣掉愛情，所有出版和戲劇的賣點還剩多少？古今中外的觀眾都喜歡被渲染的偉大真情摯愛，越是超越現實不現實的情境，越能滿足人心深處對

愛、對浪漫的需求;難怪「來自星星的你」這類抓外星人出場的韓劇,更吸引人追劇追得三天三夜廢寢忘食。太陽底下無新事,消費式的浪漫濫情故事天天翻新,只是換湯不換藥,換製作人、男主角、換語言場景(由港劇、大陸劇、日劇到韓劇、由抓古人到外星人來一下穿越劇⋯⋯)、放心吧!製作公司、廣告公司在自由戀愛時代,永遠會為你的需求,針對愛情這個主題,用愈來愈進步的傳媒機器來製造愛情事件。在現今功利速成的愛情遊戲之中,沒有體驗過可歌可泣的愛情的人,就成了這些節目的死忠觀眾了。這些產業的壯大、演藝人員的身份與政治人物平起平坐,說明了整個人類社會的潛在動力,就是孔老夫子說的「食色性也」的「性」、「兩性」!因為有了智能手機,網路,今年拍好的、國內拍好的已夠你看的了,還有以前拍好的,國外拍好的戲劇,人們可以什麼都不做,光是追劇就可以度一生了。於是,出現了「自己的感情故事一片空白,但是天天活在別人的愛情故事」裡的追星族。但,娛樂及媒體(色情片)帶來的追星追劇生活抒解了、也強化了人的性愛需求,但並非真正的宣洩及出路的管道。情欲是身為動物的人類大欲,它們是存在的,我們要面對它,要解決它,不然就會有是社會問題、精神問題。

▌不婚原因之13:色情行業、網路及開放風氣污染了求偶氣氛

在我年輕時,只知有不能公開的「小本子」,最多是在小麵店裡

有幾張泳衣女人的海報，到了智能手機時代，色情片是隨時傳來傳去的日常社交內容。且看那些精心拍攝的美女跳舞、裸女出浴及更肉搏戰的劇情，由多年前的社會新聞光碟片到最新的藝能界醜聞視頻，讓有正常需求的人如何能抵擋？我為了追劇，要忍受畫面下方的色情廣告，那些單刀直入的標題及強烈動作的畫面，看得我坐立難安，可想而知血氣方剛的年輕人如何扛得住。小時候沒見過的「情趣商店」現在隨處可見，裡面琳瑯滿目各種工具儀器……這種不必花大錢、跑柳巷的「色情滿足」的後遺症：這麼刺激的滿足，讓人轉移了踏實去追求正常關係的動力，因為，反正回到臥室後都可以DIY解決需求，那就不必很廢工夫及金錢去追求一個真實的對象了。其次，你交往的對象，怎麼能和那些AV女優俊男比？在過去，一個村莊裡長得最不抱歉的就是第一美女，現在相當美麗的女子也比不過經過P圖燈光美化的色情女優啊。由奢入儉難，看過玩過最刺激的，如何接受青菜蘿蔔的普通人？想想成龍說的「所有男人都會犯的錯」，王力宏婚前婚後的社交生活，早就是潛藏在底下的潛規則，也是不公開但人人皆知的不算秘密。想要「人與人的連結」？酒店、舞廳、色情業者超級積極，時下娶外配也很容易，於是好女人就成為時代的受害者。在當代開放及色情普遍化的風氣下，有風塵系統的賣身，有良家系統裡的開放人士，及互補的獻身現象……如何讓人如「柳下惠」保持忠貞？太難了。世風日下，社會上多了許多玩家。男的玩到不負責任也沒事，看破的女的也想再交換更多資源。一個婚後要封閉關係的「婚姻制度」就更不受歡迎了。玩家不想

結婚，被玩過的對異性失去信任也怕結婚……色情行業及開放風氣造成許多玩家，色情行業如此侵入手機，它嚴重地污染了求偶氣氛，讓人對異性有了誤解，進而失去尊重及渴望。再說得直白些：「重口味麻辣」吃習慣了，單純的、家裡沒有見過世面的「青菜白飯」怎麼會有吸引力？過去你得重金才能見到超級美女猛男，現在網路上隨處都有。看多了麻辣的菜色，怎麼會對家常小菜有食欲？兩性關係的隨便與混亂，真的，已有人才見面就直接要求，讓純樸的擇偶者嚇壞了。

▌不婚原因之14：追星轉移了真實的情感需求

追劇是望梅止渴，它滿足移情作用。愛欲已存在，能量要找出路，若現實中沒有機會談戀愛，沒有對象接收自己的付出的人，恰好在演藝時代裡，只要找一個自己喜歡的異性藝人，就可以送他(她)禮物，叫他老公老婆，在演唱會場大叫「我愛你」，這就是移情心理的補償作用。沒有人愛，有苦不好意思說，好在有機會忙著追星，就可以填補空虛，趁機發洩。愛情戲劇的受歡迎，就是因為現實生活中的刻骨銘心之愛的缺乏，所以大家轉向書中、戲中、演藝人員身上去尋找、去找代替品、去望梅止渴。追星是一種健康的身份認同、能量抒解及情感投射，但也有少數人不理性地追到停止學業、刷卡負債、與人衝突、與人筆戰……脫序的、脫離現實的偶像崇拜、把電視電影情節當做學問，過度的追星，被神化了的藝人，消耗了影迷的時間、金錢、愛情，它轉

移了、模糊了影迷追星背後真實的內在動力。需要愛但還沒有愛人時，可以找個安全的對象來大聲說「我愛你」是很不錯的，因為表達喜歡會讓人得到力氣和快樂。喜歡藝人及偶像很安全，可以很輕鬆地從與你距離遙遠的偶像身上得到意念上的滿足。若對真實的人表達喜歡有可能被拒絕嘲笑，表白讓人沒有安全感；而追星永遠不會被拒絕！因為星星就是要粉絲。但，要注意：太認真追星、長期追被包裝顯得完美藝人的人，長久之後，可能會無法愛不完美的、存在他身邊的真實的人；更糟的是偶像真相暴露後會讓人非常失望。

▌不婚原因之15：解決生心理需求的管道及替代品多了

誠實說，結婚的強烈動力之一，是生理的需求。在這裡，我只點到為止：就因為開放的風氣，不管是試婚或是同居，很多人在婚前已得到在婚姻中的一切「福利」與「服務」，結果，形同早已結婚，當然就不必結婚了。以前沒結婚而「在一起」有如洪水猛獸，家人難容，現在這已很普通了。以前「穿著高腰身(已懷孕)禮服結婚」會被人竊笑，現在「帶球結婚」或抱著「愛情結晶」拍婚紗已是一種流行。因為結個婚，確實是蠻麻煩很花時間及鈔票的，是有高成本的，若能閃過這些麻煩，若當事人的經濟狀況、家族關係、性格搭配、工作狀態都有些問題的話，能免就免，就理所當然地不必走「多一張紙」的過程了。這種心

態的人，當然會說：「那張紙不代表什麼。」「有結婚證書也不保證幸福。」「有證書只證明合法，但可能不合適。而沒證書的雖不合法，卻可能合適。」本來兩性關係就是兩「性」關係，過去是壓抑的，現在是奔放的。我在大學時代與初戀男友勾動欲火時也想……但周遭沒有可去的地方，也不敢去。不像現在，賓館酒店民宿到處都是，「人與人的連結」「一夜情」如此方便、簡便與隨便。且看偶像劇裡的戀愛主角們常是中學生，若是到了「第二市場(中老年人的二度單身)」，想要「人與人的連結」可以快速到當天認識當晚進行……開放的風氣、解決生理需求的管道及替代品多了，比如越來越厲害的情趣工具，還有機器女人、虛擬愛人，人本來就需要陪伴，目前已有人工智能的機器人可以炒菜、送件，可以在家裡和老人對話，已有軟體設計成功，可和人談戀愛……當然也有擬真美女陪你上床生活。只要有需要，就得解決。沒有真人解決情欲需求，聰明的人類已然發明很多替代工具。既然解決感情及生理需求的管道及替代品有了，就更造成婚姻的不必要了。是的，開放風氣及行動，及普遍化的服務及工具，釋放了這方面的能量，這都是不得已。不停地追愛情劇追星，投入各種嗜好寄托，全職投入志工，整天開著電視或滑著手機，不斷地建群對話互動按讚，一有機會就不停地說話……這都是渴望人際關係的具體行動。即，求愛的動力被轉到別的地方，讓這人忙著扮演別的角色，沒時間回頭正視真正的匱乏何在，而讓人更遠離婚姻。不斷地學習念學位，不停止的美容整型，或是不合理地投入宗教，這些都是不同程度的上癮現象。因為能量必

須找到出口，人類不是自私的，是渴望付出愛的。當前，解決付出愛的最大宗替代品，就是養寵物，且越養越多。2021年是死亡交插線：貓狗數已超過成長期的人數了。2022年，死亡人數已比出生嬰兒多。愛寵物的人已把貓狗當家人般呵愛，因為愛一個人有太多的變數及條件，而寵物100%接受你的付出。有的人光愛自己的貓狗不足以消耗能量，就可能超過自己的能力去拯救流浪貓狗。人類創造了許多解決生心理需求的管道及替代品，因為，情欲的能量必須要出口及承接對象。

▌不婚原因之16： 觀念、關係單純的人愈來愈少

我為什麼建議不要太晚結婚，因為，年紀越大，過去的歷史就越複雜，個人的習慣越多，彼此適應越困難。最好趁大家都還純真時，選擇在一起。社會的複雜化，讓觀念、關係單純的人愈來愈少，甚至是病態的人越來越多。簡單的戀愛，現在可不單純。我曾查到的資料，美國80%的婚姻裡都有人離過婚(一方或雙方)，若去看他們的父母、祖父母，是每個家庭都「中過彈」的。現在的資料沒去查，也不必查。一位朋友旅居過歐美的朋友告訴我，他在國外交朋友，一定先要搞清楚對方究竟是什麼「身份」？有什麼未來性？是什麼性別取向？ 此話怎說？他說，一拍即合時，他會先判定這是一夜情，還是真感情的機會？有人只想同居，有人是找外遇，有人是分居者、離婚者，有人是純粹想「各取所需」。而單身者可能帶著小孩、或有情感或贍養費的負

擔。還有、是雙性戀、同性戀？還有，有沒有愛滋病……？會不
會仙人跳？有沒有針孔攝影？……要把這些都搞清楚，也真是不
容易。要把這些都搞清楚，還浪漫得起來嗎？順便開個玩笑，在
這樣性開放又離婚普遍的社會裡，將來會不會發展出幫談戀愛者
做「身家調查」、專門「發掘個案史」的專業服務業呢？若是年
輕人擇偶，就不會查出太多、太詭異的「故事」，因為壞事還沒
發生。而中年老年人的話，保證會查出許多事件及傷痕。因為人
活著就一定會創造關係及結束關係，怎會沒故事？還有，中老年
人必定已養出許多堅固的習慣或怪癖，肯定越來越難相處。晚晚
才擇偶者，一定會有一大堆故事、記錄、傷痕，甚至是病態或怪
胎的經歷……因此，中老年人擇偶，一定比年輕更複雜困難。所
以結婚，要太晚！早戀、早熟已經讓有些人年紀輕輕就「經驗滿
滿」，越晚，人就越複雜，搭配就越難。

▌不婚原因之17：發達的服務業「幫助」人們獨居

阻止你(妳)結婚的情敵是誰？讓男人與女人都越來越不需要婚姻
的是？是極度發達的服務業！經濟、法律、戰爭、媒體……都會
影響你結不結婚，服務業更是火上澆油，直接讓「不婚」越來越
正常化、輕鬆化。以前的人必需靠家庭的結構來維持基本生活所
需，不然沒有人幫你煮飯、照顧小孩、洗衣服、燒開水、陪你上
床。現在？想喝牛奶？不必養隻牛，店裡就有！轉角就有無所不
包的24小時超商、自助餐店、安親班、洗衣店、快遞業、外賣、

買醉酒店、吐心聲輔導單位……到處林立及便宜快速的各種服務，讓一個配偶、一個家庭的功能被大幅取代。就以喝水為例，以前只有自來水，一定要煮開了裝瓶去上學上班，我童年時還得放明礬過濾，現在完全不必了，到處都便利店可買瓶裝水、街上就有飲料店，不需要一個賢妻良母張羅了。建設公司蓋單間套房滿足單身生活，家電及食品包裝都設計符合單身生活的尺寸。真的「一個人過」可以過得很好！過往為家庭付出所做的事，讓家人感恩的服務，幾乎外面都已被包辦了。差別在，以前一個爸爸、媽媽一人所做的事，現分割成不同功能被不同服務業「服務」完了。家人在家庭裡的功能被稀釋、被取代了。所以結婚？愈來愈不是非做不可的事了！所以，除非你愛對方愛得要命，還真的沒有動力去「結個婚」了。

▎不婚原因之18：童年看到的負面婚姻教材導至對「婚姻/異性恐懼(否定)症」

幸福人人渴望，但不敢勇於追求，因為心中懷有「婚姻失敗論」的想法及「異性恐懼(否定)症」的症狀。最早的原因，可能是被父母示範的壞婚姻而養成。父母若常常吵架、甚至打架，夫妻常常鬥爭衝突，隨之而來的是對兒女的各種暴力：肢體暴力、語言暴力、表情暴力、情緒暴力……都會造成孩子對婚姻的排斥及對異性的恐懼。在這個男女平權的時代裡，有人患有「異性恐懼症」。老是擔心自己不瞭解異性的想法與做法，又認為異性的立

場、目的和自己一定是相衝突的、老是在害怕自己會失望、會吃虧、會被利用、被算計……的人，很難有良好的男女關係。為什麼會有異性恐懼症？要不是在小時候接觸過使你印象惡劣的異性，受過傷害，便是在成長過程中接收了很多負面的訊息，加強了鄙視異性、不信任異性的概念。結婚率低、離婚率高，我認為雙方父母都有責任。很希望，做父母的人，在孩子小時候就帶給他們尊重異性、欣賞異性、喜歡家庭的觀念，別造成他們的異性恐懼症。如果在孩子面前一直數說丈夫或妻子的不是，建立男人可惡、女人不可理喻的印象的話，將來子女怯於成婚的責任該由誰負責呢？由不瞭解、害怕甚至發展成厭惡異性，往往便是使一些可以結婚的人結不成婚的原因。那有人會自找麻煩，去接近一個否定婚姻的人？除非你的媚力魅力大到對方情不自禁，寧願飛蛾撲火，才能夠有像連續劇中那樣的癡情人來對你海誓山盟、非君莫嫁、非卿莫娶！一個有格調、有原則的人，不會折節屈志來奉承異性，更不願強求一個處處表露「恐懼婚姻」的異性來共營家庭。這道理其實很簡單，因為試問，換了是你，你願意嗎？

▌不婚原因之19：被媒體報導的悲劇及騙局嚇到了

火上加油的是：在媒體時代，好事不出門，壞事傳千里、萬里。幸福婚姻裡的人聲音很少，因為幸福很簡單，沒什麼神奇的情節；而不幸的婚姻的版本很多、很精彩，都是很吸睛的。如果沒

有這麼發達的媒體，沒有那麼多的報紙、廣播、電視、網路……相信大家對每個人都會有所期望的婚姻就不會這麼猶豫。以前，你只會聽到親近親友的婚姻事件，但往往是「知其然不知其所以然」，但現在你會被迫知道大量的、奇奇怪怪、不幸痛苦的婚姻故事，且有媒體節目、星座專家幫你分析深挖。國內的、國外的、政治人物的，企業富豪的，演藝人員的……真是光怪陸離！這不能怪媒體的報憂不報喜，因為報導恩愛夫妻的故事，那有可能像報導名人政客家庭糾紛、誹聞事件那樣創造高收視率呢？逆潮流的逆耳忠言誰愛聽？八卦才有賣點。載舟覆舟，媒體可以幫助婚姻——它帶來許多資訊及案例；也可以破壞婚姻——讓人對婚姻不信任。聰明的人，由媒體報導學到預知、預防；不夠聰明的人，就反而被嚇到了。現代人生活常識普遍，媒體報導神速，讓我們知道，現實中確實有恐怖情人及騙子。騙子，不是男人，騙財騙色的女人也不少。當然警戒心強的人，就有了很多恐懼、障礙與盲點，所以不敢輕易地嘗試認真談戀愛。「寧缺勿濫」是對的，但「因噎廢食」就不宜了。讓媒體的普遍有助你聰明擇偶的條件，還是成為你的是擇偶障礙，這全要看你自己如何接受資訊了，請別被媒體報導的悲劇及騙局嚇到了。媒體報導中，一個公眾人物的離婚案件可以掩蓋真正重大的新聞。滿天飛的婚姻故事中，稀有的正面案例讓人提高了對婚姻的期望，但大量的負面案到則是有效地增加了對婚姻的恐懼。

▌不婚原因之20：「單身貴族」的身份被美化

有一位年輕朋友剛剛失戀，同事馬上送他一本名為《單身貴族》
的書，並且鼓勵他：「單身生活也很好！」弄得她啼笑皆非，因
為她還有勇氣要繼續挑選啊！他並沒有要單身啊！

因為「單身貴族」這個名詞及價值的流行，專為這個族群設計的
商品，比如一人火鍋、單身旅遊、小套房也都大有市場，讓「單
身貴族」得到了支持，受到支持的事情當然就會壯大。如果沒有
心理建設及經濟條件，「單身」不是「貴族」，別被這個美化了
「單身貴族」名稱誤導了。「單身」一點兒也不「貴族」，真正
的貴族是感情與財富都圓滿的人。想結婚？請和「單身病毒」保
持距離，不要以「單身貴族」自居，不要和「單身貴族」聚攏以
免被人誤會你也是「單身主張」的人。

▌不婚原因之21：「單身主義」也是一種病毒，
「單身病毒」就在你身邊

Covid19很可怕，「單身病毒」也很可怕。不想被「婚姻失敗
論」及「單身病毒」影響？那就要及早確診出「單身病毒」病源
何在。事實如此：離婚率的提高、離婚個案的報導、離婚法律不
公的討論，再加上擇偶的實際困難，有心人、而且通常是聰明
人，很自然地就會收集許多不利於結婚的資訊，不但自己實踐信
服，而且還義務免費廣為宣傳。我們本來對愛情、幸福、家庭

是期待的。想走到紅色地毯的另一端，是「既期待，又怕受傷害」，所以，小心，要確認你身邊的病毒語言。不要被感染！單身病毒的身體語言及口頭語言是這樣的：

「我的二姊結婚了，問題一大堆，活得好辛苦。日子還不如沒結婚的大姊好。」

「一個人過也很好，別找麻煩了。」

「當年玩在一起的那一票人，你猜得到嗎？10個有6個都離婚了。」

「你看那麼多人婚姻不幸福，好可怕。」

「結婚有什麼好？何必結婚？」

「我的同學有好幾個都離婚了，還好我沒結婚。」

「辦公室裡結了婚的同事，天天趕來趕去，忙公司忙家裡，太辛苦了。」

「朋友的老公外遇，搞得她全部落空，人財兩失，孩子也得不到，女人真倒楣。」

「男人真命苦，做牛做馬，何苦來哉？還不如自己賺錢自己花，一人吃飽全家飽，不必受氣還來得痛快。」

「每兩個人就有一個離婚！誰還敢結婚？」…… 怎樣，這些話，很耳熟吧，這就是人性，報憂不報喜，其實幸福的婚姻很多，但很少被當做話題而已。「單身病毒」太多，要小心。其實，許多媒體報導走出婚姻的「浴火鳳凰」及「女性復仇者」

「婚姻裡悲慘的男人」……的動機是好意，旨在提供過來人的經驗，好的結果是提高大家的警覺及預防，壞的結果則是在接收這類警世訊息後的反應是築起防衛之牆，那就偏差了。

■ 不婚原因之22：感染「單身病毒」後表裡不一的假「單身」

其實很多開口閉口都是單身主張者，未必真的想單身，只因為自我保衛心理，落單的適婚年齡者或超齡未婚者，往往簡化主張、養成喜歡公開宣布這類主張的習慣，比如：

「我不敢結婚。」「我還不想結婚。」「這麼早結婚幹嘛？」「何必要結婚？」「什麼？單身公害？結婚的人真無聊，自己顧不好婚姻，還來說我們？」………甚至，為了反擊被人視為「單身公害」，說出更激烈的表態：「為什麼一定要結婚？」「誰說一定要結婚？」「一個人過也蠻好的嘛！」「我才不喜歡，因為結婚就失去自由。」「在婚姻裡，老是女性吃虧。」「我從來都不喜歡小孩，我才不要結婚。」……

說出來的話，就是對宇宙下的訂單，講久了，就會變成真的呀。表裡不一，但言行則一時，往往是負面的會實現，小心。當我們聽到一個人說「我單身」時，不一定代表他真的單身，他可能只是沒有法律上的配偶而已。有人不結婚、有人提倡不要承諾、有人選擇「同性關係」、有人分偶、有人選擇單親、有人選擇同居、有人主張試婚……架構不同、但其實目的及需求並沒有不

同，一樣都在滿足情感及生理上的需求，只是多了遊戲人間的名詞及形式。「單身主張(孤單主義)」並不代表不需要或沒有兩性關係，只是把能量轉移到其它的地方了。主張不婚的人，並不代表沒有、或不需要兩性關係，先要承認有這個需要，才是解決問題的開始。對有些人而言，單身主張，是包裝過的，表裡不一的假議題。「單身主義」很流行，但這並不表示男女不再發生關係，更不代表不需要(沒有)兩性關係，而是發生多元化的、婚姻體制外的、比婚姻更不長久的各式關係。

▌不婚原因之23：「單身主義」造成雙方都保留的態度

每個人都不是孤獨的，是喜歡與人共處的生物，是「婚姻失敗論」「離婚成功說」的愈來愈大聲，加上「異性恐懼症」，使抵抗力比較低的人產生了一種非理性的情緒感染，形成潛意識中排斥婚姻的表情和言語，接著產生「單身主義」「孤單主張」就出現了。如果你對婚姻的態度已是害怕的、灰心的、否定的，那麼，就算本來在你身邊對你（妳）有點意思的人，是不是也會悄悄地打了退堂鼓？若是開始了交往，只要你開始透露「保留」的態度，對方呢？也會做好準備：「我當然要有所保留」；你看到對方比你更保留、看到你比我還怕受傷害，當然，我也要減少損失，難道我就不怕損失嗎？若在交往時很小氣，持保留態度，不願意付出，對方看出來後也會這樣做。甚至，很多人在交往時有

這種心態，若不能成功，我一定要先提出分手，而不能「被分手」……有人是一開場就宣稱自己對婚姻沒信心，只想玩一玩，這樣的男女，表面上是瀟灑，很酷很神氣；看內裡，我直言，是逃避承擔，害怕傷害，不願付出，不敢挑戰。若傷了原本有誠意的對方的心，會因此損失很多次機會。如此步步累積，雙方都保留態度，再熾熱的愛意也會點點滴滴化成冷冰。想想，驕傲的「鐵甲武士」及清高的「單身主義者」模樣，有誰會有「興趣」與「性趣」呢？究其原因，便是因為在接受了「婚姻失敗論」的感染，如驚弓之鳥一般，擺出隨時逃命自保的逃跑姿態。由於你為了自我保護而武裝得很好，對方也相信你真的不需求承諾與誠信，所以，結果……到時候再後悔也就太晚了。在這種關係裡的雙方，是在玩心理遊戲及自保策略，都不會有真誠才能帶來的愛情正果。否定婚姻，只想要玩玩關係的人，當然招惹上門的不是玩家就是高手，因為，「愛家同志」早就嚇跑了。

▌不婚原因之24：「單身主張(孤單主義)」的身體語言嚇跑了有心人

為了解釋還沒有結婚的理由，為了婚姻中的「遠憂」，使尚未投入「家門」的未婚者，因為害怕或自我解嘲，便不知不覺地努力宣揚自己不敢或不屑結婚的想法。有知覺的、或不自覺的，你的穿著、打扮、作息……在在都在適應單身。結果，同事親友們真

的相信了——以為你真的只喜歡工作、事業、賺錢、獨居、你根本不需要異性，你討厭婚姻……你向大家建立起一個印象：你的獨身生活很快樂，你排斥婚姻，你真的不需要異性及家庭。就因為你的身體語言，你可能封殺了曾經有過的機會，因為有人可能早就在愛慕你了，可是，你的言行嚇退了對方的熱情與勇氣。世上大部份的人都只是七全八美、條件不怎麼好、不擅長追求異性、不急著結婚、或較為膽小羞怯（但這些人都可能是好伴侶）的人，面對已有「婚姻失敗論」觀念者，他們沒有得到你的鼓勵！你的身體語言，讓對方嚇得不敢採取行動。想想看，這是多麼可惜？回想一下吧，前半生，是否有過這種可能，當你忙著發表「婚姻失敗論」的言論時，「七全八美」的人曾經悄悄出現而又快速消失？注意了！平時，有意無意地說，「婚姻好可怕」、「不結婚算了」，這種濃厚的「婚姻失敗論」身體語言，把所有的姻緣，全都嚇跑了。建議你，平時，可把彼此的疑慮或擔心提出來討論，這是積極溝通，這是建立共識。可不要浪費時間去強調自己的恐懼立場，把對方當作「恐怖份子」。千萬不要笨到鼓勵對方也和自己一樣：只要有關係，不要承諾和不要下決心。信任「婚姻失敗論」的人到處聲稱：「結婚一次是傻子，結婚兩次是白痴，不結婚的才最聰明。」「結婚是迷悟、離婚是覺悟、再婚是執迷不悟……」是的，說得真是有道理，所以別人都會同意，和你結婚的話就等於是傻子，所以你也不用再為你的婚姻大事操心了，因為沒有人硬要找你結婚。可別多年後才發現是什麼

流行觀念害了你（妳），害你錯失結婚時機的文章、傳布這些資訊、提供你支持力量的人，可是不會為你負責、也不會在你老來覺得孤獨時來陪伴你的。

▌不婚原因之25：「羽毛情結」、同類相聚的情緒傳染

小心，你的身體語言會吸引同類相聚。由封閉的時代進入資訊分享時代，情緒傳染的現象，往往會強化負面的資訊。失敗體驗者的身體語言及經驗分享，在群眾中會產生後續性的效應——恐懼感的傳染。離婚者眾、受害事件常有聽聞。於是，你怕，我也會怕。如果周圍的朋友都否定婚姻，你也不免開始動搖。父母婚姻失敗，子女會感到莫名的恐懼與沒信心，習慣了用疑懼的眼光來看待異性與婚姻，在擇偶過程就很容易產生厭倦與緊張。報章上、戲劇裡、親友間、朋友中，外遇離婚事件頻傳，造成一片耳語。只要有一位名人的離婚事件上報，許多離婚邊緣的人就彼此通風報信，對號入座後更是惴惴不安。尤其是女人，敏感本是女人的天賦，所以只要一聽到婚變，就提高警覺；婚姻中有了蛛絲馬跡，便猜測丈夫有外遇，心中馬上五味翻騰，腦中馬上畫面豐富，編起一幕幕小說或電視劇中常見的畫面。人的情緒，不但會互相感染，而且會同類相吸引。而人性，偏偏對負面新聞感到興趣，於是，對情感悲觀，對婚姻不屑、恐懼心強烈的人及與婚姻無緣的人就會各自聚在一堆，彼此發酵膨脹成一團了。信任足以

導致信任，懷疑足以導致懷疑。這就是「羽毛情結」！不要老是麻雀對麻雀、鸚鵡和鸚鵡、烏鴉和烏鴉只和自己相同聲音的人在一起！所以，也有「異性、婚姻恐懼症」的人，最怕的是結交到「恐懼夥伴」為朋友為閨蜜，一群不敢結婚的人湊在一起，那麼全都結不成婚的可能性就增加了。看一個人在看什麼書、結交什麼朋友，就可以判斷他的未來會如何。你身邊的3個人決定你的一生！想知道一個人是否想結婚、能否結成婚、婚姻是否會幸福？看看他的好朋友是那一類的，便可猜到了。憂鬱成性的人，多半都有孟不離焦的憂愁夥伴，彼此互相取暖，如膠似漆，如陷愁城，無法自拔。被「孤單主義」感染至深的人，只和單身主張者做朋友，無法忍受，甚至看不起那些婆婆媽媽及小女人。決心要離婚的人，常常是無法忍受對婚姻持樂觀態度的朋友的。夥伴定型、只能與同質性的人往來的人，往往觀念定型、行為僵化。這就像瞎子摸象，無法明白事件的全面真相，而是固執己見。只有開放胸襟，能廣結善緣，能體察幸福與不幸福的婚姻故事，要能與單身、已婚、離婚的各種人都做朋友，才能客觀地認識婚姻，從而決定如何做選擇。選擇單身，是每個人自由的選擇，但是，不該是流行與情緒傳染的結果。物以類聚，同「類」相吸的結果，往往就會「異類相斥」了。你的同性朋友是什麼氣質，就決定你的配偶可能是那種人，這就是吸引力法則。你的環境就是你的磁場、你的風水。所以，要注意身邊的朋友是那種人？小心，憂愁夥伴、生氣夥伴、罵人夥伴、酒肉夥伴……批判婚姻、反社會行為的人，要與他保持距離！即使不是為了擇偶，為了人

生之路能走得更好，也要小心選擇朋友！在我看來，女人很可愛，男人也很可愛，只要懂得去識別可怕的，提防可惡的男人及女人！各種不同的人都有其優缺點，愈懂得欣賞兩性差異，人生愈有趣，趕走恐懼吧。尤其在社交媒體發達的時代裡，很容易找到同好者，很容易產生羽毛群聚的現象。

不婚原因之26：持續單身讓人「習慣」獨居：造成越來越難成婚

因為以上這麼多、這麼多的因素讓很多人猶豫、持疑、錯過適婚年紀的擇偶。結果呢？社會上越來越多的服務機構因應而生，協力幫助人們解決各種生活所需。既已被協助適應了單身生活，很多人已不需要群居，已不需要婚姻了。「習慣」是第二個上帝，當你已「習慣單身」後，就少了去追求的動力。若你也沒有遇到讓你為之陶醉瘋狂的對象，你更沒有要結婚的念頭了。我建議該結婚就結婚，不要想太多，因為越晚人生越複雜，傷痕、毛病都越多，就越難適應一個不同的人。適應同處本來就難，雙方都老大不小才遲婚時，就越難結婚，就算結婚也越難成功，因為要適合的習慣及毛病就越多。我知道這個分析會嚇到你，但我的目的是：覺悟橫豎都得適應，還不如年輕時結婚，適應的項目較少。

▎原因之27：中性化的穿著與言行讓彼此不確定

不可否認的，性別意識在文明開放的現代，人們對不同性別的裝扮及言行的期待與接受度，已大不同於以往。都市生活追求簡便，何況我們的社交場合也很少須要盛裝，服裝設計師也提供了中性服裝，因此，方便行事下，有越來越多的人穿得很中性化。於是，我們常看到中性裝扮，或性別相左的打扮，對看到的人的性向沒有了把握，得不到發展費洛蒙的訊號。同志文化也已被社會認可，因此，兩人相遇時，中性化的穿著與身體語言，減少了異性的魅力及吸引力。在不確定彼此的性向及需求下，不容易啟動異性戀的交往動作。還有，我們也感慨社會的禮儀系統是出了問題，很多人把無禮當作性格，把邋遢當作時尚，把隨意穿當做不見外。其實，不注意衣著，蓬頭垢面。不修邊幅，不注意見面場合的特質而隨意穿，是禮貌問題。不在乎品味是個人的選擇，但尊重別人的視覺感受，還是必須的禮貌。現在的年輕人對於穿著打扮以及性向越來越開放，中性穿著已成常態，但讓對方對你的性向不確定，當然不利於吸引異性。得體裝扮，無關顏色搭配是否合宜，服飾檔次是否高級，而是禮貌及社會規範，再具體地說，相親時完全不著重基本禮貌的裝扮，就是不尊重媒人及對方，因為讓大家都不懂你的意向及性向。我這麼直言，請大家不要生氣。

▎不婚原因之28：現實壓力，原生家庭的負擔&小家庭要靠自己存活

接下來，是決定是否結婚更具體的現實因素：經濟問題。大家庭的解體，都市小家庭面對了經濟上及相處的巨大壓力。再加上見識廣了，眼界高了，對成家的各方面要求都高了，但能力呢？未必提高了。有沒有結婚，婚姻幸福與否，對古人的影響不像現在這麼大。農村社會，多一個人只多一雙筷子，還多一個人手。在古代的大家庭裡，若有一個人沒出息，有一房婚姻不睦，一樣可以維持平衡，家族及親戚就近出手支援就行。甚至大家族裡只要有一個人會賺錢，就可以養全家族，個人的問題、家庭的資源短缺，都可以靠家族系統來支援，所以嫁錯娶錯的壓力沒有「0與100」的壓力。所以男人娶錯了，沒感情了，沒性生活了，無所謂，反正還可以討小老婆，還可以在外面找風塵系統來滿足；女人嫁錯了，老公缺席或失職，還可以依靠公婆及姻親來養家活口。古代，既然不是自己選對象，做選擇的長輩就得負責，當事人只要認命、只要承擔一切現實，日子還可以混下去。但在現代小家庭的制度裡，沒有了大家族的支撐，配偶都是自己選的，若出差錯，或婚姻沒功能，家庭存亡就立即面對崩解，就活不下去了。農村社會裡，有青菜吃就可以過日子；都市生活裡，光是手機費就是一筆開銷，難怪年輕人不敢結婚。每天開門就是水電保險交通費、手機網絡費……一份薪水養不了一個家，加上小孩子的幼稚園、安親班、才藝班的費用節節升高，難怪年輕人不敢生

小孩。家庭的成本增加，家庭的要求提高，不結婚的理由，又多了一條！以前的大家庭經得起小個人在行為上、經濟上的失利；現在的小家庭，經不起任何一方的失職失能。而決定家庭存續的經濟問題，就首當其衝地成了很多人的結婚考慮。有好對象，就幸福；有壞對象，交不出房租或電費，馬上就牽涉到存活問題。更別提若還有生疾的長輩、或還沒還完的債務房貸…更讓人不敢想結婚生子的事。現代都市小家庭生活，是硬碰硬的現實：擇偶不能隨便，因為家庭功能任何一個缺口都不能有。現代人擇偶時的挑剔與多元化，也因為這個原因。同時，以前大家庭空間，合不來就少接觸，但小家庭空間小，合不來的話，大眼瞪小眼，壓力一比一天大，我猜想，離婚率高，就因為這種窒息感。小家庭，經濟及空間都是壓力，所以就不敢結婚了……原生家庭也是讓人不婚的具體原因：現實因素決定一切，不少人是為了要照顧長輩、照顧生病的弟妹、或承擔家庭債務而不敢結婚的。什麼都漲，只有薪資不漲，房子買不起，孩子養不起，讓人不敢結婚。

▋不婚原因之29：現代人對婚姻要求高

壓力已經比以前大了，現代人的要求還特別高。以前的人只要男的會賺錢，女的會煮飯生小孩就行。以前我們只能看到村子裡的人家們，可羨慕的對象有限，沒得太多的比較。現在的媒體及網路，讓你看到選美皇后多麼美(原來女人可以這樣美)，也看到豪門家居與藝人婚禮(可以這麼豪華)，還有有錢人給下一代的頂級

教育……這讓你發現，哇，原來人生可以如此華麗？既然人們對「美好家庭」已有了許多參考樣本，誰不想過上流優質生活？報章雜誌上的諸多報導，讓你知道經營家庭可以多麼講究，因而人們對婚姻及家庭的期望及要求，就提高了許多。以前人說，對象只要是個男人女人，是個活的，會賺錢就好，家庭只要2居1廳就好。現在拜教育及資訊發達之賜，我們都懂了——婚姻，不只是煮飯洗衣、傳宗接代而已；婚姻，可以助你升官發財、可以經營出一座玫瑰花園，令人嚮往！媒體的普遍，討論家庭的文章及新聞看多了後，耳濡目染，大家都知道家庭教育的重要。既然重視，就會多要求。對婚姻的態度愈來愈嚴謹、愈認真；對異性愈來愈重視、肯定；自然「條件」就水漲船高了。以前的人，在媒妁之言、父母的指令下沒有選擇、那敢要求。就算不合，也就這樣忍受著能過一生。現在人講究品質、注重教育、強調情緒、還要求尊嚴、關注成長……哇！我們都已知道娶錯嫁錯或娶對嫁對茲事體大。對婚姻家庭具體要求提高，本來這是好現象，但造成選擇就更難了，更有壓力了。婚前擇偶要求高了：要感情好，財務好；財務好，還要身體好；什麼都得好，個性也要好……殊不知，如你理想的對象根本不存在。

▌不婚原因之30：男女人口比例讓供需失調

數十年前，大批外省男性來到台灣，於是，那時候的女孩，因市場供需，自然就行情看俏，增多了機會。再加上偏好男嬰的「重

男輕女」社會觀，讓男女嬰比例不協調，男方到了適婚年紀時，自然就女生行情看漲。但，三十年河東河西，嬰兒潮出生後，國際交通方便，出國容易，高學歷的優秀人口外移，很容易在外地就婚，他們流入國外的開放市場，國內女人可選的對象少了一部份。再加上移民容易，圖方便而娶外籍女人的男人越來越多，又佔掉了一些名額。2021年台灣的外配人口已有54.9 萬人(大陸地區配偶 34.5 萬人，占62.8％；越南籍10.7 萬人，占19.5％)。外籍新娘的介入，讓擇偶市場的男士又少了近55萬人。政策及宗教的背後，都有人口比例的因素。女人多的地方男人容易娶，甚至三妻四妾，男人多的地方女人就搶手，奇貨可居，都是人口比例造成的。這兩種時代因素，具體佔掉了適婚女人要選擇的配偶人數，是的，是人口比例造成一些女人的落單，你去算星座、流年、命盤……你再怎麼算，無法改變求偶市場的人口比例，都太脫離現實了！這時，如果你就不宜堅持要照自己原本的理想藍圖來找對象，這是簡單的數學與統計學思維，不是個人的條件問題。若明瞭人口學，就會知道，幸福，不能只靠自己，要看大環境的變遷。很多人說的「命運」也是有道理，因為它其實指的就是這種大環境的「共命」，妳若生在一個男性人口超多的地方，「母豬都賽貂蟬」(這句話是成語，不是我說的。且我認為母豬是很可愛的，不見得是貶詞)；你若活在女人國，阿斗豬八戒都是個寶。奉勸擇偶者要體認大環境、人口學、人口流動、男女生育比例、政治、經濟、婚姻法……等狀況都影響婚配，所以紅男綠女們更要懂得調適你的「條件」發揮「創意」來適應時代。

▌不婚原因之31：女人的品質已轉變：學歷工作能力提高、能自己養自己了！

為什麼現代擇偶愈來愈不容易？因為古代女人必須找長期飯票，靠結婚來找到生活的資源，且必須有夫姓將來才有牌位。現在，都不必了，因為女人能自己養自己了，認真工作的女人可能賺的錢比先生還多。教育水準快速提高，女大學生已超過50%。有學歷及工作女人既然不是被男人包養，是一樣貢獻家庭所需，甚至還付出比男人多，那麼，女人就不必屈就。婚後，既然女人和男人一樣賺麵包，若回到家裡，烤麵包做家事的事還是都全塞給女人、而男人只顧飯來張口看電視的話，那麼現在的女人已不接受這種片面分工了。以前的男人即使是個渣男，也可以「齊人驕其妻妾」，抱歉，現代女人絕大多數都已進入職場，已知其中是怎麼回事，男人別想再回家吹牛了。女人學歷工作能力都提高了：女人能自己養自己了，當然不再願意委曲求全、忍辱負重，不必再只為「為結婚而結婚」去做好老婆、孝媳婦了，所以有些男人就選擇娶條件雖差但還能配合「男尊女卑」的外籍新娘了。女人急著嫁，男人就容易娶。女人自己能養自己了，就會寧缺勿濫，於是，雙方都在找理想的……結果……大家對選對象的條件都高了，而女強人的條件當然就更高了，無法屈就之下，往往就落單了。這真是懷璧其罪的結果啊！

▌不婚原因之32：選擇焦慮症：多元化的、花樣太多太複雜的鞋子選擇

以上是大環境的因素。而個人的因素也越來越複雜！擇偶不容易的時代性原因——工業時代裡?品分眾化，人，也個性化。商品如此多樣，人，也是如此。以前的鞋店，只有布鞋和皮鞋，草鞋得自己做。那時，鞋子的樣子少，顏色也少。出客穿漂亮的鞋，工作時穿實用的鞋，也只分2種。要買鞋，選擇很少，所以選擇很容易，走進鞋店很快就買好。現在的鞋店呢？工業發達及高度競爭的結果，天哪，竟有讓人窮於選擇的各式鞋子！有高跟、有低跟；有粗跟，有細跟；有亮皮、有漆皮；有滿幫、有涼鞋；有皮鞋、有拖鞋、有運動鞋、有便鞋……。哎，現在的做鞋技術太講究了。除了休閒鞋與正式的鞋外，還要分品牌、分質料，有進口、有加工的。還講究特殊功能，慢跑有慢跑的鞋、賽跑有賽跑的鞋，打保齡球有打保齡球的鞋、打高爾夫球有打高爾夫球的鞋。怪的是，有的時候，布鞋比皮鞋還貴，小孩的鞋比大人的講究，看起來很普通的反而最高級最昂貴。鞋店裡，燈光美、款式多，看得人眼花撩亂，當然難以做決定。所以每次要買鞋，都要逛上好幾家店，左端詳、右端詳，唯恐還有更好看、或更便宜的在前面。長久訓練下來，於是買鞋的選擇條件也跟著愈來愈挑剔

了。既然每隔一陣子會有新款式，那就不要急著買吧？既然貨比三家不吃虧，那就不要馬上買；既然東挑西選充滿樂趣，那就慢慢挑吧？於是，買鞋人養成了逛街的習慣，且越看越難下手選購，總想，下一家店可能更好更便宜呢？而選對象呢？也是一樣，一直挑一直選而猶豫，最後，可能就應了台灣俗語：「選啊選，最後選了一個賣龍眼的。」

不婚原因之33：不能多選的焦慮，鞋子可以買很多，但對象只能有一個

我用買鞋來比喻擇偶，因為買鞋和擇偶是非常相似的。多元化的社會裡，培育出的多元化的人這麼多種，各有各的優點，各有各的可愛，不可多得又不能兼有，怎麼辦？除了抉擇焦慮下舉棋不定外，因「逛街」的習慣，造成只看不買、只試穿卻不買、愈試穿愈拿不定主意要不要買……的結果。更怕選配偶和選鞋一樣，已經選了一雙牛皮的皮鞋後，心裡頭還想著：要是選櫥窗裡另一雙小羊皮或鱷魚皮的鞋子，說不定更好呢？這不就是外遇、出軌要產生了？選配偶畢竟不同於買鞋，我知道，拿買鞋和選對象來對比，並不是完全貼合的類比，畢竟兩者還是相當不同的。買鞋，只要買得起，可以多買幾雙。回家不喜歡了，可以丟掉或送給別人，甚至去退換；配偶，卻只能選一個。既不能退換也無法丟掉。鞋子可以多買多挑，配偶可不能像選鞋那樣奢侈，抱著「買錯的話、大不了浪費一點錢」的心態把「選錯了的對象」擱

在鞋櫃裡，還說看看也高興。再舒服的好鞋，我們不可能天天穿它；一堆鞋放著不穿，它們也不會生氣。可是一個配偶，卻是天天要相處、影響一輩子、全家人，處理不當，會有人生氣、抓狂的！

▌不婚原因之34：「特定條件」的執著，「翁倩玉」情結

社會的多元化、個性化、複雜化，讓每個人在內心深處，多多少少會有些不為人知，甚至連自己都搞不太清楚，有道理或沒道理的「特定條件」。好，你有你的特定條件，我有我的特定條件，如何才能有交集？湊對越來越難。再用買鞋做比喻好了。過去買鞋，合不合腳、打不打腳、貴不貴最重要。有錢人買貴的鞋、窮人買便宜的鞋，很快就做決定。　　現代人的胃口變複雜了，除了基本條件，還要講究做工、材料、顏色、款式、搭配性……選擇愈多、選擇愈難、愈選眼光愈銳利、條件愈來愈挑剔……所以，架子上出現的鞋子及適齡婚姻市場上的求偶者，也愈來愈難遇上「一見鍾情」的伯樂了。舉例：在台大法學院唸社會系時，就聽到法律系的同學在談，有一位條件很好、長得白面書生、卻竟然不交女朋友的學長，讓大家都覺得很好奇。有一次，我的教授要我拿一份資料給他，我到了他的研究室一看，馬上就明白原因了，因為，由桌上、牆上、甚至天花板上，四處貼滿了旅日的美女歌星翁倩玉的大幅彩色照片！所以，後來他是否找到了長得像翁倩玉的太太，同學們都很好奇呢。長得像翁倩玉的人真的不

多，這麼特定的要求，當然就難了。寫到這一段時，想到自己曾經到日本專訪過翁倩玉，並用過她當過雜誌封面，她真的是非常美麗。但她至今小姑獨處，若不是因她的名聲太大，條件太好所致，有可能也是她自己也有「翁倩玉」情結？我問過相親多次不成功的朋友：「你，究竟想要找什麼對象？」他說，其實他自己也搞不清楚。也許他在潛意識中一直在等待洗髮精廣告中那種，眼睛會說話，秀髮如雲的長髮女子？更糟的是看多了A片的人，一直在找他最喜歡的女優那種，以為每個女人都會自動寬衣解帶或期待暴力(色情片中的梗)…這種色情片劇情會出現。理想越具體，對方不會彈鋼琴、不懂會計、不會討論時事、不會騎腳踏車……也都是問題。多元化的時代，有多元化選擇的幸運，看多了媒體裡的超級帥哥及美女，也因此選擇就越來越難了。

▍不婚原因之35：抉擇焦慮症，選擇本來就是一件不容易的事

「找」本來就是一種本領，從小沒被訓練「找」東西的人，不但不會「找」，就算找到了幾個對象，也要面對做選擇，那也是一件更不容易的事。曾有一個人去介紹所要求要找工作，他要找「一種最輕鬆的工作」，至於待遇，他是不計較的。所以，職業介紹所就把他介紹到果園去，他的工作，只要包裝蘋果。他只要把大小不同尺寸的蘋果，分別裝進「大」、「中」、「小」的三種紙箱內。結果，不到一個星期他就辭職了，他說：「老天，從

早到晚要我做決定，每次拿起一顆蘋果，就要決定這一顆蘋果是屬於大號的？中號的？還是小號的？我受不了了！這工作太難了，一點兒也不輕鬆。」是的，選擇，本來就是一件難事。不幸我們的教育是，從小不鼓勵子女做選擇。只要孩子好好唸書，好好聽話，給你吃什麼就吃什麼，給你穿什麼就穿什麼……只要有耳朵不要有嘴吧。不給孩子自主選擇的機會及磨練的話，孩子一旦離開父母及學校，面對求職、找對象……就在十字路口就有了「抉擇的焦慮」。面對抉擇就有壓力，緣自教育欠缺「抉擇訓練」。注意到了嗎？古人因為階級及封建制度，沒有得選擇。現代人，困擾是選擇機會選擇太多，害怕沒能分辨陷阱而造成損失，因而徬徨、痛苦、緊張及掙扎。以擇偶為例：有的人因為條件差，機緣少，就因此把握住僅有的機會，結果反而容易成婚。只因為認命及不曾猶豫，成婚反而比較容易成局。反之，條件好的「熱門」者，追求者眾，選擇機會多，反而難以取捨，就造成焦慮的痛苦。甚至，反而陰錯陽差，就偏偏選了不該選的。選擇，本來就是不容易的，難為了從小沒有得到「抉擇訓練」的人。

▌不婚原因之36：欠缺「挫折訓練」，怕被拒絕、怕丟臉，怕被害傷害，怕被再傷害

說完了外界的原因，來講講個人的內在原因。在我的那個年代，沒有手機，甚至沒有電話，要見心上人一面，要坐車，要在門口「站崗」，才能感動對方。且越挫越勇，打死不退，直到感動對

方為止。而現在,只有在戲劇裡才找到這樣癡情的愛人。以前的男人為了追求願意忍辱負重,被考驗測試都打死不退,但當前在溫室裡養育長大的人,不分男女,往往沒有毅力,也怕被拒絕、怕丟臉,怕被傷害,怕被再傷害……也許只被拒絕一次,就因此卻步不前。這是因為當前生活環境沒有以前的坎坷,家庭教育欠缺「挫折訓練」,讓年輕一代可能在失戀打擊後就失去的動力及信心。男騙子的騙術已國際化、網路化,女騙子也在增加。事實上,真的有各種暴力的恐怖情人,讓人嚇破膽;真的有騙財騙色的假情人,讓人「一朝被蛇咬,10年怕草繩」。但,世上本來就沒有一次就成功的事,國父革命10次才成功,找對象?古人早就說了要「7挑8選」啊?至少要7次吧?建議,要越快越多失敗,才會有成功盡快出現。

▋ 不婚原因之37:不結婚是怕付出與負責任

容我直說,說穿說白了,很多人不結婚是為了怕付出,是怕負責任。這個時代錯誤的家教,養出了一些不懂得付出、不願意付出、害怕付出、自私自利、沒能力付出沒有負責任訓練的草莓。這種人玻璃心,易受傷,怕親近關係,因為不想負責任。真的,已有些男士沒肩膀,已有些女士不再願意為家庭投入。事實上,「勇於付出」和「逃避付出」之間,兩者都辛苦,兩者的辛苦差別其實相差有限。有時候,「逃避」所承受的壓力及考驗反而更長更久!結婚,你就開始面對婚姻的新挑戰;不結婚,你要一輩

子面對你不結婚的解釋及努力。兩者都辛苦，我只是建議你選擇前者。不付出，自私的人，不只是婚姻不會成立、成功，連做朋友都會失敗。你為什麼逃避婚姻？有可能是你有物質上的困難，比如因家庭因素、能力因素，比如原生家庭負債、有身體殘障、有不孕體質……而不想或不能在物質上做付出，但這並不是真正的問題。因為時代已不同，你只要找到一個認同你的理念，同意雙方都經濟獨立、甚至和你一樣，完全不想生小孩的對象，你們就速配了。如果你不願付出的是精神上的，你也只要找到一個和你一樣獨立自主，不喜歡黏人的對象，也照樣可以走入結婚禮堂。就因為現代婚姻不像古代那樣僵化，可以有各種形式，所以，你們可以創意設計自己喜歡的婚姻模式。只要你找到與你婚姻價值觀速配的對象，就可結婚了。我認為，因為以上各種原因而不結婚的人，真正的關鍵是：因為你沒有遇到讓你(妳)非常時的、瘋狂的、不顧一切的對象。因此，你衡量之下，怕付出，怕損失，怕上當，怕負責任的心理，就把你阻擋在婚姻門外了。或應這樣說，你就把自己保護在婚姻家庭的責任外了。

不婚原因之38：現代人和古人一樣迷信

別以為科學時代裡迷信會消失，不會！迷信，不是老人家或鄉下人的專利。把婚姻大事和迷信結合，這也是現代人、年輕人、都市人的流行。請到姻緣廟去看看，排隊許願的隊伍裡有許多年輕人，因為對未來迷惘，對情愛的渴望，是人生永不滅絕的動力。

會不會有二妻命？何時有桃花劫？姻緣何時到？…算命師說，如果大家不問男女之事，他們就生意沒一半了。算命、星座迷信準不準？我沒有答案，聽到神準的故事很多，但也聽過完全不準的。我有一個同學，被一位所謂大師算過命，說她活不過35歲，這讓她不敢結婚，結果她至今活得好好的，但因相信了而至今單身。我也有一個朋友，年輕時被算一生「做小的命」，結果她就選擇嫁已結過婚的人，但結果好嗎？並不好。也有一位男士因相信算命先生說他命中二妻，他大膽搞外遇的結果，卻造成家庭悲劇及財務崩盤。渴望解答人生問題的現代年輕人，除了傳統的面相學、姓名學、八字命盤、紫微斗數，到現代的星座、血型，都能接受。學術界的心理學、精神分析、民間的星座、卜卦、塔羅盤、種種新系統……本土與翻譯的都很多，學術界與民間都在解讀兩性關係，因為它就是人生的欲望之一。我一生不算命，但我不反對算命，但得要好的算命先生才可以輔導你的情緒，若是壞的迷信可以破壞你人生幸福，你不要成為「好騙難教」的受害者。你不要被迷信牽著走，你要自己抉擇幸福！解決婚姻大事，用自己的腦子，不要聽信迷信。愛情是感性，婚姻是理性，迷信都不能幫上忙。不願自我負全責的人，就會找命運或運氣來負責。不願努力為自己找姻緣的人，就會找命理師來解釋。

▌不婚原因之39：不合我們文化體質的西方情感理論

三妻四妾的時代已過，但妻妾意識還在血液裡，中國人的兩性關

係本來就不是很健康，有八字、業債等制約系統，偏偏又有了西方的開放式兩性關係以雷霆萬鈞之勢襲來，大批的翻譯書籍、寫實的婚姻報導、新的有心理學、精神分析、星座、血型⋯⋯它們豐富了過往空白的感情教育，但也讓人無所適從。當前由西方引進的婚姻理論，有對婚姻制度的批判，也造成了高離婚率，可見這個強調自由自主的系統沒有創造更好、更穩定的婚姻關係。在過去，尋花問柳不能公開談，現在，威而鋼的節目小孩子都看得到。單身主義者退縮，追隨國外開放主義者奔放。目前主流談情感的暢銷書多半引自國外，而國外的離婚率及文化背景呢？由結果論來逆推，我們不應該全盤接受歐美的關係系統。千年文化的華人，身上流著錯綜的、儒釋道法的文化血液，怎麼可以照單全收？目前顯然強勢卻不太成功的西方情感理論，若要套用在華人的關係裡，應該要經過過濾篩檢。本土化的、合乎中國人文化的，配合東方體質的婚姻之藥，恐怕只有東方人自己才能發展出來。雖然目前並沒有標準答案及方法，大家都在努力中，你我也要繼續努力來找到最適合我們文化體質的婚姻之道。⋯⋯

▎不婚原因之40：沒有錢

為什麼我以一一分析以上不結婚的原因來勸年輕人結婚？因為以上的原因都不是問題，只要改觀念就行。接下來的問題才是問題，因為它們很難解決。不結婚，不交朋友，不求婚的關鍵致命原因，是「沒有錢」。年輕一代的男方，如果不是富二代，只是

個月光上班族,阮囊羞澀,連養活自己都困難了,即使很想,那敢談結婚?年輕一代的女方,如果也不是富二代,如果原生家庭的生活很困難,她會想要借結婚「麻雀變鳳凰」,但追求的人都是窮光蛋,彼此都會興趣缺缺。除非情欲衝動,愛得死去活來,先上車後補票,因懷孕而被迫結婚,通常雙方都不敢找負擔。適婚年紀的人,怎會不想結婚?但只要沒有錢,甚至是身負債務,即使很想,也不敢結婚。到了年紀,誰會不想生兒育女?但只要沒有錢,即使很想,也不敢結婚生子,怕自找麻煩,也自知沒有人願意同甘共苦。

▌不婚原因之41:家庭&家族負擔

有的人沒有錢,不是不勤奮工作;沒有收入,而是家中有人是巨大的負擔。有的是家族有債務,有的是有醫療費負擔的重病家人。大量的開支及照顧工作,讓人沒有餘錢約會,當然沒有勇氣談戀愛。若有慢性病、老人癡呆症、精神病症的老人或手足親友,甚或是躺在床上需要輪班看護的長照病號,自家人都已被拖垮,誰還敢想結婚?知道詳情的對方,誰敢往這樣的坑裡跳?有些家族有過黑歷史,黑行業,除非願意爆光給對方知道,且有信心對方會接受,通常這樣的人會選擇只交往,滿足所需,但不談正式婚姻。有些家族有特別的隱藏性遺傳疾病或精神病,不但怕結婚生子繼續遺傳,也不願讓人知道,當然就會選擇不與人交往了。

▋不婚原因之42：健康&生育問題

有些人不婚，是因為自知自己的健康有問題，自己撐著已經很辛苦，不敢相信有人會同甘共苦承擔他(她)的病。若病是有關生育的，比如子宮或卵巢，生殖系統已經動過手術無法生育了，知道自己無法受孕或讓對方受孕的人，就會猶豫走入婚姻。當然，也有人是生理沒問題，但是是「不生主義者」，除非找到也不想生小孩的對象，就不會輕易談婚姻。「不生主義者」事前就言明不生，是負責任的態度。投機心態的人若想要踫運氣，婚前隱瞞不說，等到婚後才講，那就造成問題了。

▋不婚原因之43：人生沒有目標

不可否認的，當前有許多人，對自己的人生沒有目標，是茫然過日子的、躺平的夢遊者。他自己的生活都是模糊的，當然不可能與另一個生命產生互動，或去結個婚找責任了。以上這4個理由，都是現實問題，無法逃避，無法忽視，但是否就是不該結婚的理由？也未必，只是客觀來說，這幾個理由是不適合結婚的族群，除非你能找到事前就清楚你的問題，但願意接受你的人。

現代人不必、不想結婚的想法被誤導的原因這麼多，連我都嚇到了。坦白說，最後4個無法解決的理由，說真的，這4種狀況的人也真的不適合結婚。而其它的30多種原因，都是心理及認知因

素，不該成為不婚的理由。阻止你成婚的外界原因這麼多，豈可不預先加以了解並採取因應措施？接下來，我要分析不婚的另外2個巨大的原因，一個是個人心理因素，也就是擇偶時的迷思，一個是擇偶系統的不科學、不合人性、不合邏輯與無效率。讓我繼續分析給大家聽。

第2課

破除擇偶的個人迷思

了解了嗎？竟有40多種外界讓你結不成婚的原因與理由後，請你不要沮喪，因為你還得打起精神來了解下面的功課：阻礙你結婚的多種你個人的迷思及誤區，以及我提出的：你破除這些觀念的方法。

▌1 你誤以為世上有「理想對象」：世上根本就沒有「理想對象」

第一個，就是人人都在等待「真命天子、天女」的出現，總認為有一個天雷勾動地火、乾柴烈火的「理想對象」會出現，那一秒鐘就才是看到了屬於自己的 MrRight、MsRight……在此之前，你對路邊花草視若無睹……於是就這麼等下去了。於是，相親20次、戀愛10次、左看右看都覺得是不是自己的「菜」，都不浪漫。談戀愛當然要浪漫，但請小心，「浪漫」通常是「浪費」：浪費時間、感情及金錢！多少人，婚前只追求浪漫，被浪漫迷倒，做了錯誤的選擇。男的行家、專家、玩家懂得如何讓妳覺得浪漫；女的行家、專家、玩家懂得如何讓你得到滿足，進而滿足她的所需。而找對象，是不怎麼浪漫的。你等待的一個浪漫又理想的人，卻一直不出現？呵呵，是因為理想對象根本就不存在。但，小說裡有傳奇的麻雀變鳳凰故事、都是一見鍾情的浪漫故事……這都帶給我們正面樂觀的激勵，人人心中有著明確的理想對象藍圖，活在連自己都不自覺的特定條件想像中，但理想對象一直不出現？那就產生「訂做」的念頭。以為只要有錢，

好像什麼東西都可以照你的意思量身訂做。只可惜，目前的科技還沒辦法「訂做人」，就算能訂做，訂做並不解決問題。就以電影「A.I.人工智慧」及其它「機器人」電影來說好了，人類「訂做」出來的機器人，最後還是有「人」的問題，有失控的問題。世上不存在「理想對象」，請早點覺悟。我認為，以以上各種原因不結婚的關鍵原因，是因為你沒有遇到讓你(妳)瘋狂的，不顧一切的對象。因此，你衡量之下，怕付出，怕損失，怕上當的心理，就把你阻擋在婚姻門外了。但如果這樣的真命天子不出現的話，你就要一直等下去嗎？就要因此「寧缺勿濫」地虛度一生嗎？當然，遇到讓自己欲火中燒、熱血沸騰的對象，不是每個人都能有的幸運，但這不該就是我們不結婚的理由。沒看到真命天子天女，還是該選擇走入婚姻的。如你堅持一定要找到這個人，那就要加速速度，積極地出去「找」，而非「等」。

▌2 一直在尋找理想對象：但你的理想對象也在找他(她)的理想對象

選配偶真難，有人「找到了」，但還在找的人也不少。這裡有一個故事：有一個人堅持要找十全十美的對象，願意走遍千山萬水、歷經千辛萬苦……到了很老的時候，他還是孤家寡人一個。大家以為他沒有找到這個十全十美的人，但他其實找到了。但為什麼他還是沒有結婚呢？他的回答是：「我找到了他，但他告訴我，他也在尋找十全十美的對象，所以……」也就是說，即使

「找到了」也沒有用，因為對方也在找，因為自己並不是對方心目中的理想的那個人。你要找對的對象？先想想自己是否是對方想要的對象？這機率有多少？你看上的他，他看不看得上你？千里馬等伯樂，伯樂找千里馬，或是遇到了也沒看出來，這就是人生的遺憾。等待果陀，很多人的一生，就這麼被空轉了。

▌3 你一直在等待「相合」的人：但世上沒有與你「完全相合的」人

除非你和自己(或鏡子)結婚，那就別再等待與你「合得來」「好相處」的人出現了，想想，你的父母這麼愛你，生了你，養了你，就一定與合得來嗎？兄弟姐妹在一個家庭裡長大？都能合得來嗎？就算是雙胞胎，也不見得性格完全相同。我常開玩笑說：想要找個完全相合的人？真的只有看自己才順眼？那麼，多買幾面鏡子不就好了？天天看，左看右看都是自己，和自己結婚、相處就行了。世上與自己最合的人就是自己(其實有些人和自己也不合)，那麼和自己結婚，那不就滿意了？到最後喜歡自己獨處，是養成了習慣。事實上，一個完全和自己一樣的人，也未必能讓自己滿意快樂。因為很多人的問題是：自己都跟自己不合、連自己也不喜歡他自己。未來的科技可能會發明出複製人，或是冷凍病危的人日後再解凍……也可能照著你的「訂單」訂製出長相個性功能的機器人做你的配偶……我無法想像那個世界，只覺得光是想著也恐怖。我的意思是，別人本該就與你不同，當然就可能

不合及不知。不合才是好的，才是正常的。你可以選擇的就是眼前的這些人，他(她)們就是籃子裡的雞蛋，你只能在其中挑最適合你的。除非你留學、出國、移民去別的地方去找，但我保證，國外的人有國外的問題，一樣是要妥協及協調。我也保證，即使你養寵物，牠也有牠的個性，你們也有相處的問題，牠也有生老病死的問題。最好笑的是，有些人一見面的台詞就是：「三觀不合」「道不同不相為謀」…

這種人，別說做配偶，連做朋友都麻煩。因為，這世上沒有和你三觀全合的人。

▋ 4 你一直在等待「靈魂伴侶」：但世上少有這樣 幸運的人

越來越多身心靈的課程，課程的重點必有「靈魂」「靈魂伴侶」的議題。誰不想要 Soul Mate？似曾相見、前世今生、輪迴而來，前來報恩或報仇……總之，我們都想要擁有這樣的關係。但但這種穿越時空的，橫越大海而出現的情人，往往出現在電影裡的，現實生活裡難得有。就算有，可能對方已經是已婚的人。當然，也可能是同性的人，若能遇到是非常幸運的事。現實的婚姻生活，就是柴米油鹽醬醋茶，是非常生活化的一件事，如果我們這一生都遇不到「靈魂伴侶」的話怎麼辦？建議：尋找「靈魂伴侶」是非常值得期待的事，但在遇到沒法談「靈魂」或心情的人時，只要對方是能共同生活、能有生活話題的人，就可以考慮了。

█ 5 期待「一見鍾情」「一拍即合」：有此幸運的人很少

你期待「一見鍾情」「一拍即合」的「白馬王子及白雪公主」嗎？我也曾相信、也很期待。能夠一見面就天雷勾動地火，馬上結成連理，這太美好了。但不是每個人都有這個幸運，即使有此運氣，鍾情看上的，並不等於就得到了，更不等於就是佳偶。婚前的「白馬王子及白雪公主」婚後可能是魔王妖女，「一見鍾情」「一拍即合」可能是災難。「一見鍾情」「一拍即合」並不是婚姻幸福的票房保證。我希望大家都能一見鍾情、一拍即合，但沒有的話無妨你這一生能有圓滿婚姻關係。天下沒有理想的對象，只有合適的對象。盡早去除「一見鍾情」「一拍即合」的期望，才能減少幻想，才能開始有效擇偶。所以，多給雙方機會，允許「第二眼美女帥哥」的出現，同意開始時沒有乾柴烈火，也可能是一個適合的對象。

█ 6 心中有著「訂做情結」：但媒婆婚友社和網路變不出「理想對象」

記得當年我結婚時，金光閃閃的宴會鞋並不普遍，結果我就畫了一堆圖、講了一大堆話去訂製了搭配禮服的宴會鞋，結果呢？訂做出來的我看了根本不喜歡，且不合腳形還會打腳，調整過了還是會讓我的腳踝痛。心想，漂亮有什麼用？都完全照我的意思做

了，竟然我不滿意？最後是去店裡買了一雙現成的，跟不高，但好看又不太貴，重點是：不打腳。所以，就算科技進步到可以「訂做」一個「對象」時，相信還是不會滿足我們的需求的，因為，有可能由一開始，擇偶觀念就是錯的。我曾應邀去許多婚友社演講，他們的工作人員告訴我，許多會員以為付了錢後，婚友社就可以完全依照他們開的「訂單」介紹一個他(她)想要的「白馬王子」「白雪公主」，但結果是失望的，因為他們的要求都超凡完美，幾乎是不可能存在的人類。訂做觀念的人，要180公分高的帥哥，半公分也不能少；要55公斤體重的，多0.5公斤也不行；要醫生的，藥師都不考慮；希望對方是教師的, 連公務員都不行……這些經驗豐富的媒人紅娘們很想告訴當事人的是：應該先照照鏡子再去要求對方！更常見的是，明明各方面條都符合原來的「訂單」，但一見面就不喜歡，因為對方的聲音太沙啞、對方走路的姿勢或講話方式讓人討厭……訂單上上列不出來的一些特質，如何事先訂做？就算他們想要「訂購」的對象存在，但這些「白馬王子」「白雪公主」是否會看上他看上她、愛他愛她？覺悟吧，再高檔的婚友社也訂做不出你的「理想對象」。想訂做，訂做不成。戀愛多次但都沒結果，事實上不乏機會，但就因為對方不順眼。事實上，再好的人都能挑得出毛病。對婚姻期許錯誤、過高的人，往往耽誤了自己的青春，直到自己的「市場競爭力」消退了才警覺錯過了時機。小心，「訂做情結」之下，婚友社和網路變不出「理想對象」還可能讓你遇上騙子及槍手。

▋ 7 期待「白馬王子及白雪公主」：建議斷念吧，因為即使是你自己都養不出。

為什麼我會對「訂做一個人」不樂觀？為什麼我說「理想對象」不存在。我舉個例子吧：

世上最想要打造出「理想」的人就是天下父母了，我常問做父母的：「你有沒有把你的兒子女兒養成你心目中的白馬王子、白雪公主？」也就是他們是否養出理想男人、理想女人？答案是沒有！這真是奇怪？自己的基因、自己的教養…將近20年的完全掌控，結果，孩子長得不是自己要的樣子，且3個孩子3個樣。孩子有時是不如自己的理想的差，但有時候是超過自己的預期的好。這說明，「人」是沒辦法訂製的，天下父母都最愛子女，盡一切努力使子女成材，但是，為什麼還是沒能教出完全符合自己理想的子女？所以，結論是：如果在自己家裡都養不出、自己的基因及教養都沒辦法訂製出自己所期望的理想人物，別人家怎麼能呢？父母養不出理想兒女；想訂做男朋友女朋友的人，你，也早點覺悟、快快死了這條心吧！

▋ 8 被「緣份說」「隨緣」誤導而在等待：世上沒有緣份、巧合、意外……全是因果

由小就聽到這幾個字。緣份、緣份、談到姻緣，我們最常說到這2個字。但「緣份」可能發生，讓你享受愛情，但卻不等於就適

合婚姻。如果緣份沒有出現，你就要採取行動，且別用「緣份說」做藉口，讓你因此一直在空轉白等待。但世上發生的緣份，其實都是在你的「行動」後，正如同「機會」造就的是「有準備」的人，這根本就是[M因果關係]與「吸引力法則」：有善報的人必定做了好事，被關的人一定是有做壞事。很多蹉跎姻緣的人都怪「緣份沒有到」「運氣不好」「流年不利」「今年就是沒有桃花運」，把這些句子掛在嘴邊。坦白說，我認為在媒婆這個行業已經消失的時代裡，「等待緣份」「期待運氣」…的想法耽誤了許多人的青春。國家大勢，世界變局，變化得讓人想費解；但是，小小個人在短短一生中成就一項小小的姻緣，何勞看不到，無法預料的「緣份、命運」來主宰？感覺，很多人用「緣份」來當做人生的擋箭牌。前幾天和一群老人爬山，10個人的交談中，我聽到最多重複的就是「這都是緣份」「隨緣」這幾句話，呃，人生已無所作為、凡事無能作為的人，就以「緣份」來解釋一切發生的事。若不是去算命，就講完全看不到、也無法改變的「緣份」？世上沒有緣份、巧合、意外，「緣份」發生時一定是你已有所行動。若你天天坐在家裡，到那裡去遇到對象？孤芳自賞，默默地「活」在深閨人未識；或是只在天天乖乖地在辦公室(異性不是死會就是不來電絕緣體)和家裡兩個地方、兩點一線活動，那除非是「時來運轉」出車禍、被異性撞到時，才有可能遇到對象。若你也不上網、不加入社團，誰會拿著望遠鏡來發現你？碰到異性時不釋放出接納的訊息，豈會有人拼命三郎般來到你的跟前創造奇蹟？沒可能的。不如改變找對象的方法、改變

你（妳）的個性及觀念還來得更快也更有效！人生別再等待，不讓「緣份說」讓你繼續等待，別再開口閉口「隨緣吧」。緣份也許是存在的，但是，緣份不是等到的，它需要你出門、向前迎接甚至主動創造、你給它現身的機會它才會出現的。「有行動」願意「心動」的人才會有「緣份」。沒有「心動」也不「行動」的，緣份來了可能你都不知道。所以，別再把「緣份」抓來當做藉口或擋箭牌了！不要老是在看賴或微信、看書或電視、上網路留言、每天問早問晚的浪費時間，擇偶是健康的觀念加積極的行動。人生中沒有一件事是「隨緣」而來的，找工作，找好吃的飯館，買想用的家電，無一不是條採取行動才得到了。行動吧，找個「真的」「有名有姓的」「活的」對象來開始體驗人生，行動加心動再行動，才談得上緣份。世事給我的教訓：別迷信緣份，巧合、意外發生時都是因果。因果不在前世來生，因果就在每一天。你繼續說「隨緣」「隨緣」，你就會如漂萍一樣，隨著水流、飄著飄著在同樣的河道上，最後就可能是隨流到你事先並不想去的地方，或是卡在角落裡，被塞在縫縫裡。

▎9 現代人仍然迷信：建議擇偶時不要宿命，也不要認命

「緣份說」是一種浪漫的說法，但基本上也可說是一種迷信。一位非常執著算命的朋友說：「我想找一位結過婚後離婚的，或是死了老婆的。」太令人訝異了，居然有人有這種擇偶「理想」？

原來，她去算命，相命先生說，她未來的丈夫有二妻命，她的命盤就是做小的。就因為相信這個說法，她就推理自己天生是小老婆或續弦繼室，接下來，她的結論就是——要嫁離婚者或鰥夫。真是無辭以對，對這樣「認命」的人！談到姻緣，有些人開口閉口都是「順其自然」「不能勉強」「時間未到」……。也不想想，從小到大，從唸書、找工作、賺錢、闖事業、買車票，人生沒有哪一件事不是努力、奮鬥而來，都是到處找關係，時時動腦筋才完成的。為什麼，也很重要的姻緣就要順其自然、坐待緣份呢？「順其自然」，最自然的結果，就是你（妳）很自然地、不知不覺地、後知後覺地成了相信緣份說的單身者！八字命盤決定你的姻緣嗎？姻緣不成，就怪自己的條件、八字不好，「人醜就怪父母」，認為自己的出身低不如人。此說成立嗎？如果成立，豈不是只有鴻福貴人、俊男美女、高官巨富、聰明才俊才能有好婚姻，而凡夫俗女、販夫走卒就不能婚姻幸福了？當然不能成立。我建議，把研究宿命、業債、八字、命盤的時間拿來奮鬥或學習，成功及幸運就在前方。機會、機緣是有的，但它只造就準備好的人。建議：不要迷信，不要認命，不要被賺了你的錢，但騙死你不償命的人說的話，誤了你的幸福人生。

▌10 還在執著「條件說」階梯理論的「年齡階梯」

傳統的階梯理論的「年齡階梯」，讓女生只能嫁比自己年長的男士。若男士比自己小，就馬上被冠上「姐弟戀」等不含肯定

意味的名稱。男人娶比自己小10歲、甚至20歲的女人，會被視為佳話，男主角被視為了不起的人物。反之，若男人娶比自己大10歲的女人，那眾人就會非常訝異；男人娶比自己大20歲的女人，那就要上新聞了。這種男高女低的傳統，時至今日，仍然存在於擇偶系統裡。甚至有民間習俗，認為差幾歲最適合，差幾歲即凶……毫無根據，但行之有年。有人要介紹對象，初認識一個異性，我們都會最關心「你幾歲」，但一個人的生理狀態、外貌心態，有時候與生理年齡無關。但擇偶市場裡，往往就因為女大男小就大驚小怪。其實，生理與心理的成熟往往沒有絕對的正相關。計較生理年齡，不如著重心理年齡。且看，有人少年就有癡呆症現象，而有人是老當益壯且生龍活虎。因此，一定要男大女小的階梯，是個不通的邏輯，正如「某種星座適合配某種星種」的說法一樣，在幸福的婚姻裡，和不幸福的婚姻一樣，都是有各種年齡的差距。即，男大女小，並不是幸福票房的保證，女大男小，也有幸福的例子。我的看法，若想要白頭偕老，男的小個幾歲才剛好，才能配合女人平均壽命多於男人的生理現象。

11 還在執著「條件說」階梯理論裡的「年齡梯」：我認為女大男幾歲最好

為什麼我認為不該再繼續「女小男大」的傳統？這是逆推回來的，想想人生的最後，古今中外女人的平均壽命，都要比男人長4歲到8歲左右，若按照傳統選比自己年長的男人結婚的話，現

代女人孀居做寡婦的日子可能長達10年。想要白頭偕老，享有美好的晚年生活，妳的丈夫必須比一般男人長壽4歲到8歲，若妳特別長壽，那麼妳的他就得非常健康，且非帶病的長壽，你們才能有狀況不錯的老年。若妳的他先妳而走了，妳失去了陪伴，要獨自過漫漫晚年；若你沒有自己的養老規劃，沒有足夠的積蓄或遺產，那時誰來養妳照顧妳？男大女小，這種思維在第二市場、老男人再度擇偶時特別明顯，50歲以上的二婚男人，都以選擇小自己10歲、20歲甚至差更多歲的來娶。美貌人人愛，青春就是價值，女方年輕，一則是悅目，二則可以照顧快速衰老的男方，但也要想到，男人平均壽命較短，何忍自己百年後讓年輕的女方餘生做寡婦？我每次看到一個老男人配一個年輕女孩，就看到一幕現實的交易，這是一個「舊茶壺配新茶杯」的畫面，充滿著不協調感。願嫁頹老男人的女方，在男方老、病、死後會如何繼續人生？得到遺產？很快再婚(等於男方的遺產送給別人)？或女方為之守貞至終？……這都不妙吧。當人們提到楊振寧娶了54歲的學生並視為美談時，我卻認為這是一個醜聞，楊老先生在做缺德的事。我認為：不該男方年齡高於女方，應該是女方最好大男方幾歲，這才是最理想的搭配，總是老男人配年輕女孩，是交換資源，製造女方的長期寡居。條件的好壞不決定一切，是條件的是否搭配決定結果。一定要調整「條件說」裡的階梯理論：年齡階梯！女大男方幾歲才是剛好。別因為一定要男的年齡比女的大，而彼此又僵住了。

▎ 12 還在執著「條件說」階梯理論的「學歷梯」
　：要知道教育結構已改變

接下來，要爆破關鍵的擇偶門檻「階梯理論」了。傳統浪漫的
「緣份說」、封建的「宿命說」，讓我們空轉與等待；而務實的
「條件說」呢，又讓我們在機會出現時諸多挑剔。首先，讓我們
好好想想「條件說」裡的「學歷階梯」。什麼是「條件說」？它
指的是，擇偶市場裡的「明」規則：女人一定要找階梯比自己至
少高一層的：身高、學歷、年齡、財富都要比自己高。當前第一
個備受挑戰的就是：學歷的階梯理論。有幸生在當代，大學女生
比例已超過50%，有些科系因為錄取的都是女生，以致有些科系
甚至發出要保障男生名額的呼聲。女孩的平均學歷突飛猛進，高
學歷的女孩人多勢眾，她們的選擇條件自然水漲船高，她們要嫁
的對象若按照階梯理論，就得嫁碩士、博士，至少也要同等的學
士。可是，男學士、男碩士、男博士的擇偶可說是海闊天空，可
娶任何一種學歷的女孩，這就分散掉一部份名額。高學歷的白馬
王子是金字塔頂端的一小撮，人數本來就有限，當然就「不敷分
配」，這是很簡單的數字問題。過去的女人多半不識字，怎麼嫁
都是「上嫁」，現在，女性知識份子如何屈就學歷低於自己的對
象？哎！也真是難為現代女子了。女人教育水準提高的同時，讓
她們眼界開闊，使她們對「人」、對「男人」、對「配偶」及
「家庭」的要求，比過去銳利及敏感許多。「眼光」高了，當然
擇偶也就更難了。別以為當代是「男女平等」，但擇偶還籠罩在

「男尊女卑」的心理中。如果女人不改「上嫁」的原則，男人不改「下娶」的想法，請問，這兩種簡單的算數問題如何平衡？如果男人喜歡找學歷低但崇拜自己的小女人，如果女人仍堅持要嫁學歷高的男人，那麼「愛情自由」還有多少意義？學歷階梯有其必要，但時值今下，必須要調整這個階梯。明明教育結構已改變，但仍然女的不願下嫁，男的不願上娶，彼此就僵住了。

▌13 還在執著「條件說」階梯理論的「財富階梯」：要知道男女分工結構已改變，「貧富不均」只會更惡化

古代女人為了找長期飯票，為了麻雀變鳳凰，至少，也要找到速食便當……「嫁漢嫁漢穿衣吃飯」台語諺語「歹歹翁吃不空」，所以，男人的財力一定要比女方高。但在現代婚姻裡，這個結構已經改變了。靠婚姻飛上枝頭變鳳凰例子畢竟是少數，現實的例子裡，不再全是男人負責所有的家庭開支。這是時代造成的家庭制度及經濟制度的演進。已有超過50%的婦女外出工作，即，尚未成年的女童、青少女，和年老的、沒有工作能力、已生病的、已退休的老婦人當然沒有工作能力，那正值青壯年的婦女，其實已經絕大多數都外出工作了，純家庭主婦，完全靠男人養的女人人口已越來越少了，一生中做個完全沒有生產力的純家庭主婦的女人，只佔極少比例。當前，雙份薪水才足夠養家是事實。所以正值生產力年齡的婦女，絕大多數也是小家庭裡賺麵包的人。如

果說得再現實些，有些女人認為即使離婚，嫁個有錢老公也會比較有「收穫」，事實上呢？台灣的資料我沒有，美國的資料是，只有14%的女人在離婚後順利得到贍養費。更多的案例是，許多女人為求離婚，反而由女方付錢給男方以求解脫。如果再講得白話些，現代女人要想清楚，現代男人除了做不做得到的能力問題（一份薪水不夠家用）之外，還有意願問題。並不是所有的男人都願意負擔你和孩子的一輩子開銷。近來我聽到的例子，反而有許多是妻子能幹養家，丈夫逍遙呢！期望靠男人來養活你的一輩子，這是理想與夢想，但你得嫁到有能力、有意願照顧你的男人。一生全靠丈夫？已是個不太牢靠的理想。既有豐衣足食又兩情相悅，那是偶像劇的情節。生活堅苦但保持恩愛，不是沒有，但稀有。都市生活，一份薪水養不了家，女人既烤麵包也要賺麵包，純靠男人養的女人已很少，且也很危險。男女分工結構已改變，要靠娶個老婆節省奮鬥20年的男人也很多。女人的美貌、青春、體力高峰只有20年，我當然贊成要努力找財力好的人來做配偶，但若沒有，建議就要調整要求尺度。白富美，已是男人心中的夢想，原來，若有機會和比自己富有許多的人結婚，不是女人專利的夢想。現代社會，男女都有就業賺錢能力，因此心理需求與生物需求，應該高過於經濟需求和社會條件的需求。同時，全球的貧富不均越來越嚴重，想靠婚姻來改變財富等級，得要靠運氣。女的一定要男的有錢才嫁，男的一定要等自己有錢才娶，彼此又僵住了。

▌14 還在認為「沒有麵包就沒有愛情」：麵包與 愛情是可以兼顧的

為什麼重視學歷與財力？為什麼「No money, No honey」？因為這關係到日後的麵包需求，也就是現實生活需要的金錢。於是，我們常問：麵包重要？還是愛情重要？哪個重要？當然兩個都重要。對方沒有麵包怎麼辦？思考突破：一是自問，自己要吃多少麵包？要吃哪一種等級的麵包？只要沒有窮到牛衣對泣，非要為五斗米折腰，願意吃差一點、少一點的麵包，你們就可以追求愛情，不必過「雖有麵包卻沒有愛情」的日子。我認為，沒有麵包可以想辦法，但沒有愛的話，沒有就是沒有。很貴的麵包和便宜的麵包，營養其實是差不多的。二是，古代婚姻，當然是麵包重要，因為女人「嫁漢嫁漢，為的就是穿衣吃飯」，因為女人沒有謀生能力。可是今天女人經濟可以獨立了，可以享有愛情兼顧有麵包。也就是說，要打破養家責任全在男人身上的傳統想法，雙方各自去賺麵包顧好自己或家庭。當每個人擁有自己的財富時，就可以不必依照財力階梯理論去擇偶，可以勇於追求愛情、尊嚴及主控權。不能溫暖你的心的人，就算能填飽你的胃，你要嗎？能夠溫暖你的心的人，就算不能填飽你的肚子，你還是可以考慮，發揮智慧來兼有兩者。這個道理，男女通用。我當然反對你和「一窮二白」「欠債闖禍」的渣男渣女結婚，因為這是無底坑洞。完全沒有麵包，沒工作沒收入沒資產沒存款還想節省奮鬥，想蹭飯蹭住蹭睡蹭性的「寄生蟲」「無賴」男女都有。我只是建

議，只要對方沒有窮到會拖累你，只要你們能在法律上做好防火線，只要有愛情，就還是可以選擇的。窮的人一樣會產生愛情，你也可能會愛上沒有錢的人。我認為社會上貧富不均現象只會越來越多越落差大…怎麼辦？我們不要因此因噎廢食，別因此彼此又僵住了。麵包不能完全沒有，只要有，就與愛情是可以兼顧的。

▌15 還在執著「條件不好」的想法：其實「條件不好」有其優勢

人人說不要比較，錯！人生就是無處無時活在比較中，只是既然得比，那就要比較到徹底。比較不徹底，就會氣餒。若徹底比較，就會明白，條件不好的人才比較有擇偶優勢。我保證：條件差和條件好的人，在成就好姻緣時的機率不但是一樣的，甚至是更好的。為什麼？條件太好的人，有許多特定條件，想「越區」擇偶的壓力大、彈性空間小、壓力大、怕被別人佔便宜、不願吃虧。舉例：優質女人要下嫁條件差的人，會眾人嘩然壓力比山大；有錢的人談戀愛時，總是疑心對方是想著他(她)的錢而無法交付真心。條件太好的人若要「越區」擇偶，要有極大的智慧及勇氣做後盾。反之，在金字塔下層、較平凡的人，可婚嫁的「幅員」可就廣了。條件非常不好的人，如果本份知足，就不會自不量力、不會好高騖遠，不會東挑西選。有人願意和他（她）結婚就高興萬分了，所以，反而容易結成婚。條件一般般，沒什麼大優點，也沒什麼大缺點，就夠了。這種雙方都很本份地、不會嫌

東嫌西、彼此選擇的婚姻，往往成就恩愛夫妻。條件的好壞不決定一切，是條件的是否搭配決定結果。條件不好的人，你遇到真愛的機率高。

▌16 以為美醜決定結果：條件好可能是劣勢

高富帥，白富美，條件好的人，是天之驕子、地之嬌女，應該是追求者眾，可以精挑細選，佔盡擇偶的好處……這是多麼令人羨慕與嫉妒。可是，條件好是否一定就是優勢？不一定，特別是女生！就有許多超級優質女人是因為條件太好而讓人不敢追。確實，條件太好的人，由於目標明顯、眾望所歸，因此也容易碰上別有居心，為了某種企圖而來親近的人。曾有一位富家女告訴我，每次有人走近她，她都會擔心──他是真的喜歡她？還是貪圖她爸爸的財產？也有一個富二代的未婚妻告訴我，婆家的氣焰讓她很擔心，她很怕她後半生要為了婆家的尊貴要感恩及妥協，為了討好對方而使自己失去自我。也曾聽一個企業家感慨：許多女人的投懷送抱讓他無所適從。條件好，是否碰上「歹人」或「奴才」的機會多？如果判斷力不強，超級美女及名門權貴的婚姻反而容易失敗的道理就在於此，實例甚多。再加上前面提到的，條件好的人的特定條件也較嚴格，所以，條件好不見得就是優勢。條件很好，更需要定力及抉擇智慧，不然反而是劣勢。有人說，「壞女孩往往嫁了好男人，結果，好女孩常常只好嫁壞男人。」這句話確實太武斷，可是這句話也值得我們研究。這句話

的意思是什麼？是比較沒有身段顧忌、可以不擇手段的壞女孩，因為勇於主動接近、甚至是獻身逼婚而及早得到條件好的男人，而有原則又矜持的好女孩，只好被動地成為「剩女」，而只好在剩下的、條件比較不好的男人挑選。這句話當然不能代表全部真相，但至少說明了一個關鍵──在擇偶時「主動」就是一種優勢，而如果因為條件好而不主動，在疑慮中被動，可能就擔誤了好姻緣。還有，和條件超好的人結婚，就會有「卑微面對尊貴」的壓力。尊貴的那一方若覺得是對方高攀了自己，就會期待對方巴結他、忍受他（她）的驕氣或嬌氣。想清楚，高攀時，對方會不會讓你永遠感到你給得不夠、不夠感恩？。若帥哥美女就保證幸福，為什麼全世界最美的藝人往往多次離婚？同樣的，學歷高，也不是幸福的保證……傳統制式的「條件說」不攻自破。再次強調：條件的好壞不決定是否幸福，是條件是否搭配，雙方是否接受彼此的條件在決定結果。

▌ 17 因外貌而自卑：別顧忌俊男美女

以前，要看美女要到電影院裡去看，最多是路邊有海報可看。現在，無孔不入的手機電視訊息、車站廣告，從直播到色情片，裡面全是美得零死角的帥哥美女，這讓大部份長得普通的人不得不自卑起來。由學生時代的舞會上，男生老是盯著漂亮的女生轉，令許多坐壁花、有內在美的中等女生憤憤不平，讓長得「抱歉（胖矮…）」的男人不敢上場。其實不必生氣，在遊戲氣氛濃厚、

時間短暫、充滿假相的舞會場合中，男生只有靠女人的外貌長相來指引他的行動，因為，外形的確是一種具體的價值及生物的標準。顏值，本來就是社會上的資產，擇偶市場裡，當然更是。但是，擇偶人不必太擔心那些外表漂亮的人。因為，就市場公平分配的事實而言，再漂亮、再英俊的人，到最後要結婚的對象，也只是一個人（若他不幸的話，才會有兩個或三個）而已。這些外表突出的人，人口有限，佔不了太多的市場。同樣的，外形差的人，雖然比較不吸晴，可是你也只要找到「一個」欣賞你的人就行了，只要勤於擇偶，一定會有一個屬於你的人。只要一個就夠了，這是很公平也很容易的事！所以請不必在意、嫉妒比你高大挺拔、比你嬌媚美麗的那些人！能否結婚？婚姻是否幸福？是否離婚？從來都與是否「俊男美女、郎財女富」無關。我破解「條件說」，信不信由你。外貌的美醜不決定一切，是條件的是否搭配決定結果。外貌只要不是極差，靠醫美整型打扮化?是可以改善的。更妙的是，「情人眼裡出西施」，一定有一個人會認為你是他(她)的菜的。更重要的是，吸引人及維繫關係的，到最後，是人的品質，而非外貌，所以你會發現最終幸福的人，無論美醜，都有幸福機會及權利。

▌18 2種結不成婚的原因：條件好而挑剔&條件不好但沒自知之明。

在我看來，想結婚而結不成婚的人有兩種，一是條件好而挑剔，

一是條件不好而沒有自知之明。我有好幾位殘障的朋友,他們都找到了恩愛的對象。他們的對象中有殘疾人,也有健康人,我真是替這些朋友高興。殘障而仍有人願意與你共結連理,這豈不是真情至愛的明證嗎?真正條件差的人,只要掂清楚自己的份量,條件不好反而容易結成婚,而婚姻幸福的機率,也絕不會輸給條件好的人。說白了,「配偶」就是這麼一回事:就只是「搭配成偶」的學問,而不是條件決定成敗。條件不好的朋友,請放下你的自卑及壓力,打開心胸,別再封閉,放心開始你的擇偶之旅吧!「好條件」並不是好婚姻的保障,「好組合」、「好觀念」才是好婚姻的元素。一直以為自己條件不好而煩惱的朋友,請放寬心吧,「好組合」加「好觀念」就可能有「好婚姻」。條件的好壞不決定一切,是條件的是否搭配決定結果。

▌19 閉門造車列清單:要弄清楚你的條件是否合理

破除以上的階梯門檻、破除第一關就彼此「出局」的傳統世俗條件後,接下來,讓我們馬上來談談個人化的條件:條件清單。先談這個常用術語、「條件不合」這個說法。條件不合,是許多人未婚的原因。假如你拜託我幫你介紹對象,你會告訴我,你的要求條件是什麼?「其實我也沒有什麼條件。」「長得不難看就好。」「只要肯上進、有責任心就好。」…… 真的嗎?才怪。嘴上不肯明說,或不好意思說,其實心裡的條件有幾十條,用電腦一行一行打出來,可能有一長串,長得嚇死人!比如身高、體

重……什麼職業？月入多少？長相如何？有沒有自己的房產？會住在哪裡？當然，還有很重要的年齡、學歷、學校名聲、所讀科系、成績高低、行業前途、行業收入及安定性、省籍、風度、健康、嗜好、專長、家族色彩、生活歷史、家庭現況、家庭負擔、宗教、政治立場、生活習慣、社會地位、文化背景、人際關係、經濟能力、財產狀況、儲蓄金額、智商IQ、血型、語言種類……特別講究的人，還要看看對方是否有出國、移民的能力，是否具備綠卡等身分，時下有很多人講究對方的星座、出生八字及兩人相隔歲數，談到姻緣，平時理性的人竟然會迷信起來。很多人對自己的條件不清楚，可是在心中描畫出的理想對象，形象可清楚得很呢。就以我為例，我的清單上就有必須滿頭頭髮(我不能接受禿頭)及起碼健康的牙齒(我不能接受沒有門牙、口臭及全口假牙)……讓我對你直言吧！電腦上的那些項目只能當做參考，按圖索驥去找，保證你會精疲力竭，也會踏破鐵鞋失望而歸。為什麼呢？因為，世上無法「訂做」對象，世上根本就沒有「理想對象」這件事。這些洋洋灑灑條列式的條件只是你的夢想，往往與現實脫節，通常並不合理。更糟的是，往往與你的真正需求脫節或相反。如果繼續夢想「理想對象」，那就會讓電腦清單列得長、長、長、長……的。今天，看看你的理想清單，把不合理的、單方面想像出現的，都刪掉吧。我贊成你閉門造車列清單，因為它幫你弄清楚你的條件是否合理。這清單要經常列，不斷修正，最後才會最合理。

▌20 擇偶清單上列的是世俗條件:沒想清楚自己的條件是什麼

條列的條件單上,為何會與現實及你的真正需求脫節?因為,每個人都是人生第一次擇偶,沒經驗,列出來的往往不是自己真正的條件,而是別人的條件,通常,它們是你父母的心願,親友的標準。這些條件,肯定是可以造成親友艷羨,卻不一定是你的內心需求。這就是我常常說的「條條大路通羅馬」,可悲哀的是,辛辛苦苦到到羅馬後才發現,原來,你並不想去「羅馬」,可能你要去的是「長安」,甚至你哪兒都不想去,你只要留在你的故鄉。但我們忙於世俗的條件,不知內心深處潛藏的、秘密的、潛意識的、不為人知的、連自己都不太清楚的真正條件?我們常常忙著用探照燈、望遠鏡去尋找世俗公認的好條件,忘了要先認識自己的條件及真正需求。我們要過濾掉那些父母親友的需求、確認哪些條件基本上是可以打折扣、甚至是可有可無的條件。再次強調,擇偶不能說「我沒要求什麼條件」,條件要明確,條件是擇偶時的參考,不能完全沒有,但問題是:你所設立的是誰的條件?現代人是為了自己結婚的。如果按照別人的條件去找對象,那不是鬧笑話嗎?

21 還在執著於「面子」：「面子」30歲以前很重要，30歲以後就不重要

電腦上的條件是真的條件嗎？我們說，婚姻是為了物質需求、愛情欲望、傳宗接代而結婚。其實，更是為了「面子」而結婚。如果你敢坦白，你就會承認，我們在擇偶時都受了「面子」的左右。每次收到親友、同學、同事的結婚請帖，我們都會好奇，他娶了什麼樣的女人？她嫁了什麼樣的男人？是否減少奮鬥三十年？是否「高攀」還是「下嫁」？是五星級飯店，還是小餐館？根據請客的地點、桌數到婚禮的排場、證婚人的社會地位，我們都會去猜測，這一對新婚者的雙方身份及條件是否匹配？就為了怕結婚時，自己的另一半拿不出場面來時，就降低了自己家庭的聲望，也更怕丟了自己的臉。所以，很多在戀愛中情投意合的人，在論及婚嫁時便開始計較、現實、勢利起來。再怎麼濃情蜜意，論及婚嫁時，一定浮現「門當戶對」帶來的「面子情結」。在這裡，我要以過來人告訴各位，這些「面子」，在30歲以前真的是很重要的。這是現實：比妳小的、比你高的、學歷差太遠的、太窮的、太醜的……為了面子你們猶豫下最後的決心，也羞於發帖子，怕「醜媳婦爆光」。這是事實，30歲以前的婚姻，「觀眾」的看法對你的影響力很大。30歲以前，智慧經驗財力有限，只好以「條件」為標準，以階梯來謀得地位及資源。但是，30歲以後呢？

▌22 還在執著於「面子」：30歲以後應該只會在乎「裡子」

30歲以後，你（妳）會發現，婚姻中實質的「裡子」是否美滿，比起以別人的眼光為準的「面子」重要得太多、太多、太多了。沒錯，世俗條件，在30歲以前非常令人在意，因為這些條件都是看得到的，很容易比較的。可是，只要一過了30歲，沒人有興趣問你的婚姻搭配得如何？而是你們是否幸福。孔老夫子說30而立，30歲前後，是人生的一個分水嶺，看事情會由「面子」進入「裡子」，甚至是「骨子」。你會忘了身高、體重、星座、學歷對你的婚姻的價值。又不是天天要換燈泡，身高沒什麼用；又不是天天要討論論文題目，學歷也沒什麼差。的確，高學歷的人想法及水準與低學歷者會有差別，可是個性的成熟，對於異性的態度與學歷有時是風馬牛不相及的。照說，學歷高的人應該是比較會尊重配偶，但是，也有博士學位的人家暴到太太門牙被打掉，而小學畢業的人，也可能是相敬如賓的人。學歷的差距，不要大到雙方養育兒女的觀念不能溝通，及社交圈落差太大就好，不是每個人都能搭配到親友社交圈都能匹配的配偶。關於麵包，窮到無法安頓生活當然絕對不行，只要具備基本的經濟能力就行。若是因為財富、為了「麻雀變鳳凰」而結合的關係，後來有人下台或倒閉了，當然就會勞燕分飛、孔雀東南飛了。在30歲以前，很難看破「場面」和「面子」，但30歲後建議大家就要認清：「誠信」和「裡子」才最重要。若一生重視「面子」，你會一生活得

很辛苦。我的處世交友裡沒有學歷、貧富、省籍、地位的差別，因為我勘透且重視的是「人的品質」。大家要預見：有一天老了，離開職場了，老夫老妻了，當年那些外在條件問題，早就飛到九霄雲外而不存在了。退一步來說，就算條件有距離，只要事先彼此有心理準備去接受，那就只剩下調適的技術問題了。

▍23 因為「面子」而太多自我防衛與心理遊戲

談戀愛總是越撲朔迷離越過癮，但找對象則要直接真誠。擇偶不順利，外界的原因這麼多，而內部的原因也有，就是大家在玩戲心理遊戲。有趣的是，找工作，你不會、也不可以以「害羞」和「怕失敗」為藉口，但找配偶時就會。面試後是否成功，我們會去求證，就算通知「再聯絡」也不會搥胸頓足或自殺，但我們不願求證對方是否考慮跟自己交往，而要玩猜謎，或玩「我比你先拒絕你」的心理遊戲。

各自付帳，還是全部男方付帳？以前的交往肯定是男人付帳，現在已有男方要求「這一次我付，下一次妳付」「我們出去玩時，每個人出一樣」……男追女的結構已被改變了。因為對勇於、公開、積極追求伴侶者有歧視，會在背後嘲笑諷刺，會在面前以「緣份說」等心靈雞湯來告訴他(她)急不得，於是，找對象的人也更羞於公開提出想法及條件了。我們的心態是如此的：想找對象的人往往扭扭捏捏、掩掩藏藏、需求說得躲躲閃閃。等到開始交往時，就拼命表現美好的一面，掩蓋缺點污點；就這樣，交往

時非常沒效率地彼此摸索，浪費時間。於是，本來就在玩「你猜猜」「我試試」的求偶過程，就更模糊、更延長、更充滿心理遊戲了。談戀愛，越迷離越刺激，談婚姻，越真誠越簡單。

24 不好意思分手：最後一秒鐘都可以停止不合適的關係

我當然反對「水性楊花、欺騙玩世」「腳踏多條船」，我當然認為若已和一個人親密非常深入了，再和別的人進行深入關係，這是不宜的。同時，一段時間裡有三個、四個甚至更多的人可選擇，也不合情理。至少，為了把握機會，以擇偶為目的，而非以「玩弄」為目的的腳踏兩條船，我認為是合理的。但我們不能不承認，有可能新的人會讓人「比較」出原先的不適合，發生這種情形時，如何慎重處理、清理關係就很重要了。但我聽過太多人說：「我是因為不好意思分手(已上床、已同居、已定婚、交往很久、雙方父母期待……)，所以才結的婚，其實婚前我就知道不合適的。」於是，「不好意思分手」這個消極的態度，就毀了你的一生。青春有限啊！美貌、青春、體力高峰只有20年，我看到年過30已40的人，通常因為：(1)「荷爾蒙」「費洛蒙」的分泌降低而沒動力；(2)失敗經驗產生挫折而卻步；(3) 因社會工作經濟壓力而越來越沒勁……於是，男人沒有追求的動力，女的承受「高齡大女」的剩女壓力而退縮。結果，就被迫錯過了最佳擇偶期，他們都是錯誤觀念及不合理擇偶系統的受害者啊。別再因為不

好意思分手而將錯就錯，一錯錯到底，我認為，到最後一秒鐘，只要沒有法律上的婚姻關係，都可以、都應該停止不合適的關係。

▌25 因為不懂「分手美學」而受傷：杜絕分手後的浪費時間及情感

談戀愛及找對象，都是心理遊戲！因為怕「被分手」、怕被對方先甩掉、怕失面子而反應過當……點點滴滴察覺，沒有全面性地彼此了解；等到不滿意、拒絕或分手時也都不說為什麼。「因誤解而結合」後，在婚後才發現問題或隱私；即使將錯就錯，也是使雙方生活在長期的痛苦之中。找對象，本來就該「7挑8選」不用傷心與難過，要什麼「修復期」？不用！青春有限、事不宜遲，馬上開始下一段。怎麼「分手」？當然得有一套系統，怎麼有效率、真善美地分手？日後課程後續。

▌26 妄想了解異性：因為「遇情才合，遇理必分」，只要滿足對方的身心理需求就行了

認真想要交往及擇偶的人，會去看很多心理的書及上課，這都是好現象。但重點是：別妄想了解異性，因為基本上男人與女人，是來自火星及木星不同的人，想法、需求、溝通方式都不同。你問問結婚多年的人，了解對方嗎？結婚時了解的，但幾年後，因為人生際遇變化，他的性格及價值觀變了！那怎麼辦？所以不要

太努力於了解異性、了解對方的內心世界，尤其對男人而言，女人想要了解他，對他而該是一種壓力。擇偶，只要了解對方的需求就行了，因為婚姻就是資源交換。若了解深入，可能就不喜歡、不愛對方了。若了解深入，那麼世界上的所有心理學家都不會離婚了。了解、道理不保障婚姻，擇偶和婚姻的秘訣，都是「感情」與「感覺」，因為，男女與婚姻，都是「遇情才合，遇理必分」的。

第3課

擇偶系統的問題

不合邏輯、不科學、

不人性、沒效率

以上是外界阻擾結婚的大環境因素，及個人內容思想的迷思與障礙，接下來要談整個擇系統的大問題：

▌1「擇偶過程」和「分手過程」的沒效率：都太費時了。

我們活在自由戀愛的時代了，但目前談戀愛的模式太沒效率，是要花好幾個月、或好幾年才深入了解對方，但了解時已投入太深；兩方已相屬終生，但很晚才發現對方的家庭你不接受，或對方家族不接受你，這已經過了好長時間了。不管是自己找到的，還是網路上、親友、婚友社介紹的談感情，若發現不對時，就該結束。每次戀情本來就是「結束」，因為只有最後一次能成為「結果」啊！不是嗎？既然如此，不該繼續的感情，就該盡早「結束」，不要拖死狗、不要歹戲拖棚。都說不能急，交往期要長點，但，不合的人，不會因為交往10年就變成相合了。男女之間，無法勉強，想在一起時是一天都不能等，不想在一起時，是10年也培養不出感覺的。但我們因為沒有這個觀念，不想面對結果，就逃避，就等待，就假裝……哎，談戀愛、找對象已經沒效率了，若讓分手也沒效率，分得不好，受傷的不止是感情，還可能是肉體(暴力、墮胎)、金錢事業工作……其代價可能大得驚人。因為不清不楚的分手及巨大的創傷，又得花很長的時間來「療傷止痛」。再加上沒有學到「分手美學」而延長療傷期，這療傷期有的人甚至付出一輩子的代價，有人初戀失敗就傷心十

年，有人被對方騙了身及錢，從此一生對異性感到恐懼……「一朝被蛇咬，十年怕草繩」，沒處理好上一次分手的人，往往固步自封，擔誤了下一個擇偶的時機，這都太不必要了，太不值得了。分手美學，父母老師沒有教，你要自學。喜新厭舊是人性，不能勉強是邏輯，不該慢吞吞地談戀愛及分手。慢吞吞地談戀愛及分手，造成時間及情感的浪費及傷痕。

▌2 「一對一」的沒效率：積極擇偶期裡應該公開 「腳踏兩條或多條船」

讓我再細細分析一對一談戀愛的時間成本：由相識、相熟、相愛、想定下來、去見雙方父母、發現彼此的問題、出現長輩的意見、磨合結婚的條件……幾年的時間就沒有了。不幸的是，大多數的戀愛都是結束(因為只有最後一次會有結果)，那分手後又要一段復建期，少則幾個月，多則也是幾年。何況大家都告訴你，「時間」能治癒所有的痛苦，想不開的、性格封閉的人，可能一次戀情就這泡湯了好幾年。一個身上沒有春意的人，如何能吸引到異性？於是，適婚擇偶期的10年，就這麼被耗掉了。這十年，談個一次、兩次或三次戀愛，就可能沒了，太沒效率了。如果是工作忙碌、事業壓力大、兼差工作多、家庭責任大的人，真的可能是完全沒心、沒時間交往，而對方因為你的約會時間少，久而久之關係就淡了。這樣的一對一的進度，太沒效率了。因為，青春有限。而這個規則對女方不利，男方過了30年，更顯成熟及經

濟條件較好，市場行情不減反增；而女方一過30，就被打成「剩女」「老處女」「老小姐」，就成了擇偶市場裡的「劣勢」，即使她再美、再優、再嫻慧⋯⋯她們就面對完全不合理的「年齡歧視」。我認為，一個負責任的擇偶者，要在適婚期裡提高速率，不要被不可「腳踏兩條或多條船」這個封建思想障礙到。不同意你積極擇偶的人通常是不關注你的需求及權益的人，就不用理他們的閒言閒語，你專注有效尋求自己的幸福吧。我只是要去除所謂「劈腿」的罪惡感，事實上真的想要同時劈幾個腿並不是容易的事。一是道德問題，有點良知的人不會同時惡意玩弄人，二是時間問題，要同時段周旋於幾人之間，是很有壓力及容易崩潰的。

▌3 別想省事「一見鍾情定終生」：「7挑8選」 「貨比多家」才是負責任

貨比三家不吃虧，古人都說「7挑8選」，連在古代找對象最少都要比較7人、8人以上，現在人比較個17、18個人，「貨比3家」或13家，我認為都是正常。憑什麼戀愛或相親一次就能成功？想想面試多少次才成功？你聯考失敗，就再考吧！擇偶也應該有這樣的精神。失敗越多，就越接近成功。封建男女交往模式，根本就不合公平，不過是數十年前，還是「烈女不可事二夫」，要守貞潔牌坊，可現代還有許多女人不纏小腳纏大腦，還堅持要「從一而終」？古代封建社會男人可以三妻四妾、遊樂於青樓中，現在沒有妓院了，但現代男士解決情感及生理需求的服務業，無論

是實體的還是線上的，反而更多更精彩。我主張，當代的「男女平等」，不只是指求學、從政、法律、投票上的平等，而應該包含自由擇偶、公開同時交往、與多人交往的權利。以「結婚為目的」的積極擇偶，有效率的擇偶，不該被冠上偷情、劈腿、花心、風流、浪蕩、水性楊花的負面名詞。最少應該「7挑8選」，現在人比較個17、18個人都正常！請加快速度吧。把對象找好，安頓好一個家，就可以努力工作及事業、理想了。如果你想要省事、想偷懶、想一見鍾情定終生，不願為找對象努力付出時間、精力，那就只能憑命運安排，看你能「碰」上一個靠運氣了。再強調一次，好對象和好工作一樣，都是努力去找到的。買鞋子，經過多方比較才買的話，你再看到更好的，你會認了。第一眼看了就買了，日後看到更好的，你會怪自己沒有等一等再買。婚姻，就是一樣的「選擇」，婚姻類似「不可退貨」的鞋子買賣，進入了法律的婚姻關係，你就得說服自己接受事實。

▌4 市場沒有區隔「玩家」與「以結婚為目的」的族群

你要買一個東西，會貨比3家，上網30家，但找對象卻不允許同時比較，這不人性，也不科學，更不合邏輯。買食物都有試吃，但找對象不容許「試吃」，這樣一段一段地慢慢分次摸索，太沒效率了。若還照傳統的一對一模式，怎麼來得及？怎可為了顧及對方的封建思想及封閉情緒，成為不敢「同時做比較」呢？因為

人性，我贊成不讓對方知道，但若知道了，也不該被稱為「偷情」與「劈腿」。只要沒有法律上的婚姻，人人都有權繼續做選擇。自己的幸福，唯有自己品嚐，唯有自己能負責，怎可生在現代，卻被封建思想障礙呢？如果你的年齡已經在拉警報，不管男女，如果你處於積極擇偶期，就應該「腳踏兩條、多條船」「貨比三家」才來得及。只要確認不是玩家騙子，只要是以「結婚為目的」的真誠擇偶，多交往或同時交往才能多比較，才是負責任。只要對方也是以「結婚為目的」，你們都應該公開「腳踏兩條、多條船」做比較，做選擇，因為青春有限。市場沒有區隔「玩家」與「以結婚為目的」的族群，因為大家怕真誠會惹上麻煩，這樣就會造成有誠意的人找不到有真心的人。積極擇偶期裡，只要睜開眼睛找和你一樣，以「結婚為目的」的人來交往，不要遇上「玩家」被玩談戀愛遊戲就好！

▌5「緋聞」「偷情」是不合理的定義：

只要沒結婚，就沒有所謂「緋聞」「偷情」擇偶世界，有許多不合理的限制。我看到一些藝人被「緋聞」「偷情」事件轟得滿頭包，非常困惑與同情。因此，接下來我要顛覆幾個我一直不理解的觀念。關於「緋聞」的意涵為何？按照維基百科，「緋」聞的定義是「偷情的傳聞」，又稱桃色新聞或粉紅色新聞。「緋」字本義是「紅色」，引申為男女情愛的消息，不一定是醜聞。

但我們一看「緋聞」這2個字，直覺是指不正當的戀情。而「偷

情」百科又指「劈腿」，這肯定是一個負面名詞，它指的是在另一個伴侶不知情下，發展了新一段親密關係、浪漫友情或激情。不知情的另一伴侶可以是男女朋友之間，亦可以是夫妻之間(即外遇、婚外情)。我認為，一旦有結婚的約定及事實，當然就不應該有任何別的關係(不然你們可以只同居啊)，包括精神、愛及性。但只要還沒有婚姻關係，那麼，不管他或她，和任何人談戀愛，或有男女關係，我認為都應該是理所當然的、是應該公開的，是不該被認為是「偷」情！或再區分得清楚些：不知情的男女朋友之間有了「第3、4者」不該叫「緋聞」及「偷情」，夫妻之間才有被視為有道德壓力的「小3」「緋聞」或「偷情」。對正大光明、公開擇偶的人而言，讓另一半知道正在積極進行比較，就沒有所謂的「偷吃」一詞。和其他人交往最好還是誠實以告，時在今日，當個大喇喇的玩咖並不違法，而當個欺騙別人真心的渣男渣女，總究不會有好結果。只要未婚，只要沒有向對方做了海誓山盟的承諾，只要沒有佔用了對方的金錢資源，想要多比較及同步交往，是擇偶人的權利也是責任。結了婚，才有所謂有道德法律問題的「小3」問題。當然，對方知道後如何處理？如何應對？正好是一個觀察對方情感及情緒模式的機會。

▌6 「先來後到」的大帽子成了擇偶的「金箍」： 只要沒正式結婚，「先來後到」沒差別

如果你的目標是在適婚年齡裡結成婚，就要把握每個機會談對

象。若當下只有一個交往者，當然就要專心交往；但若同時有機會交往不只一位，就應該都進行交往，別被這句「先來後到」的緊箍而成為有了「小三」。擇偶，沒有什麼「先來後到」這種不通的邏輯，不合的人再先到也沒意義，只要還沒正式結婚，晚到的人一樣有權力！你在前一家鞋店試過鞋子，你會說還要再看看，這就表示你沒有義務一定要回頭買先看到的鞋。只要後來看到更合適的，你會毫不猶豫地忘掉前面的，找對象也是一樣。通過比較，而且是同時的比較，才能有效、又較清楚地找到對象，這跟買鞋子、買衣服的道理是一樣的。你要逛很多家店經過材質、價格的交叉比較，才會找到你最願意選擇的(不是最理想的、不是最便宜的)的，也就是性價比、值最高的。「先入廟門為大」，這種「大和尚」的心態不適用擇偶市場。先進公司的元老，也不代表最後的總經理就是他。就算是已買了先看到的鞋子，回頭覺得不對，可以談條件來退貨，好好處理就好。我認為大家要建立這個共識：最負責的擇偶人，應該是努力比較後才做選擇，而非「愚忠愚孝愚愛」見了一個就死心塌地不再選擇。一個想要積極比較而同時與一個以上的人交往的人，不該被指責為「偷情」，7挑8選，這是擇偶人的權力及責任。

▌7 還戴著不宜「婚前性行為」的大帽子：「性」是婚姻關係的強力膠，不試怎行？

只要上了床，就要「負責」，這在關係自由的時代裡，是說不通

的。只要是已成年，只要是兩情自願，不是暴力、迷醉等手段造成的性行為，男人女人都要自己負責，沒有誰欠誰。當然，性行為之後出現的懷孕，男方當然脫離不了養育責任。除此之外，現代社會每個成年人的身體都是屬於自己的，都是自主的，都是要自己負責的。所以，成年人的「婚前性行為」無關法律，不管是否有意要結婚，雙方都是自己的自主選擇。我們不必再戴著不宜「婚前性行為」的迂腐大帽子，且要積極驗證這件事。當家事廚務都有發達的服務業代勞時，婚姻最後不會被取代的「功能」，就是「愛、性與生育」了。「愛、性與生育」成為現代婚姻的最基本必要元素，怎可在正式結婚前不知這方面合不合呢？「性」是婚姻的強力膠，不試怎行？婚姻路上有太多的變數及風波讓你們起起伏伏，要靠「性」這件事穩住你們的關係。我主張，買鞋一定要試穿，找對象婚前一定要「試」。試著共處飲食、試著上床共眠！整個人類社會的潛在動力，就是孔老夫子說的「食色性也」的「性」、「兩性」！這個需要是永遠存在的，要面對它們，要解決它們，不然就是社會問題。我聽過太多無性婚姻裡的故事，都是在婚後才知對方的「性向」「無法行房或不育的生理問題」「心理問題」及「性冷感」的，結果，就倒楣地一生做了「形式婚姻」裡的「和尚」「尼姑」，且被這種假婚姻「綁架」了一生，可謂是人生一大悲劇。這種悲劇裡的人比誰都清楚，他們的配偶有合法的關係，但在床上不合適。而外面的人不合法、卻合適，這就產生禁絕不了的外遇了。盡責任的擇偶者，要為雙方的一生幸福而在感情發展到某種程度時，就一定要驗證，雙方

的生理功能是否合適。彼此的費洛蒙，性行為產生的多胺，是人生重要營養。「性能力」是擇偶要件，要努力找到「能溫暖你的床的人，又能溫暖你的心的人，這才是人生最大的幸福。這件事，值得我們努力。過去有些鄉下有這個習俗：要讓男女交往到女方懷孕了，肚子大了(證實有生育能力)，男方才上門找女方談訂親，而非婚後才有性行為，才知道是否有意願、有能力為夫家傳宗接代，這種習俗非常實際。先驗證雙方在床上「行不行」，事關日後是否有強力膠及第二代。

▌8 「性不性由不得自己」：面對性需求的不人性、少年性功能成熟卻無法有性

我一直很同情現代的年輕人，在古代，10歲出頭就被許婚送作堆，也能生小孩，因為生理功能已經有了。但迫於現實，現在的讀書系統、讓人到了20多歲才被認可為適婚年齡；加上社會經濟壓力，適婚年齡就又再提高。因為社會需求，即使20多歲也未必夠成熟，但生理是沒有變的，10多歲的少男少女就會懷春，就已生理功能成熟，但此時還活在「好好讀書、聽從父母」的環境裡，生理的需求就被壓抑了，於是只得找管道抒解：DIY、追星、網交、賣春場合……。性的能量是很強的，但現代人男女關係一開始就處於壓抑狀態，十分不健康，但也無奈，這就是無解的不人性之處。父母師長無視生理上的現實需求，也不提供抒解管道，還加上「叛逆」的標籤在年輕人的頭上。我認為年輕人崇

拜追星，其實就是在抒解他們生理心理上的需求，能量，必須找到出路。加上畢竟年輕，不懂得避孕，但生心理的需求與日俱增且有時無法靠運動及追星抒解，結果就讓玩家及色情業者得利，在性服務及網絡上剝削及傷害年輕人了。少年不宜性，這是客觀的事實，但也是不人性、不合生理發展程度的安排。未婚媽媽常是少年人，因為父母老師避教避孕措施，青少年生理成熟，但心理技術都不成熟，於是衝動之下造成懷孕，毀了人生。

▌9 可以「性」卻越來越少「性」：成年及已婚者的性生活越來越少

即使已成年有性自由、或已婚，但有性生活的人也越來越少了。我猜想這除了現代生活的壓力，居住空間的設計，還可能是因為我們的環境已被污染，食物飲水裡可能有些物質讓人類越來越沒「性趣」。在英國早在2013年有一份全國性態度與生活習慣調查。發現16到44歲的人群平均每月性行為不到5次，而過去的數據顯示在男性每個月都會有6.2次性行為女性更是達到了6.3次。澳大利亞在2014年進行了全國性生活調查，發現異性戀每週平均有1.4次性行為低於10年前的每周1.8次。中國性社會學家潘綏銘教授的調查數據顯示，中國從2000年到2015年18歲到30歲的同居或者已婚年輕人裡，男性每月性生活少於一次的比例從7%增長到20%，女性則是從30%上漲到？44%。男性沒有性趣的比例從4.8%上升到12.1%，女性則從12.8%上漲到了27%，由數字

可見青年人群的性生活頻率下降，那30歲以上的人性行為的下降，也是可以推斷出來的。還有調查對比出：性病卻在升高，我認為比「性病」更嚴重的是普遍陰陽不調造成的「心病」。而正常的性生活的益處多，在此不贅述。基本上，欠缺性生活的家庭很難幸福，有性強力膠的男女可以克服諸多困難而白頭偕老。可以「性」卻越來越少「性」？這是一個大問題，這方面我不是專家，應有專家來解釋及解困。以我的單薄認知，猜想其中一個原因，應該是你搭配的人，讓你沒「性欲」「性趣」，而這樣是多不幸啊。

▌10 因社會壓力而不敢「試婚」：無法及早發現無法相處的元素

為什麼說「相愛容易相處難」？因為生活習慣決定相處品質，而非「愛得有多少」。愛是輕易的，性是隨性的，但相處是真刀真槍、長期抗戰會有火光的。因此，我也不反對試婚，即，以結婚為目的的「同居」。根本沒有意識相屬終生就住在一起，那是隨性，我不贊成，但以以結婚為目的的「同居」「試婚」我贊成且鼓勵。因為，不願意做飯怕油煙的女人，不乾淨的男人是否是你可以接受的，你得事先相處確認，這些事不相處就不會事先知道。那怕世俗條件再合，但和你睡在一起的不是文憑及身高，而是對方的體味及習慣。婚姻就是穿鞋，合穿、舒服最、最重要，再漂亮、再好的條件若讓對方不舒服，對方一一定會逃走。一雙

穿起來人人讚美的名牌鞋，不一定是最佳選擇，只要這雙鞋讓你打腳磨踝、讓你不良於行，你一定會放棄它。正如同外人稱羨的「金童玉女」，只要家門裡的生活並不美好，再搭配的「條件」也毫無意義。穿的痛苦、活得痛苦的婚姻，一定會和打腳的鞋子一樣，若不被閒置，就是會被拋棄。「試婚」「同居」在過去的社會是洪水猛獸，現在已不再那樣禁忌，但還沒有完全釋放社會的壓力，結果就無法及早發現無法相處的元素了。若看了彼此就討厭，那麼豪宅也形同草屋。若彼此住在一起睡在一起很舒服，那麼草屋也形同豪宅。若因社會壓力而不敢「試婚」同住試看看，就無法及早發現彼此在一起不舒服的元素而沒能及時喊停，這是多麼不負責任。

▌ 11 想靠婚姻中介單位：但媒婆可能草率配對

單身的社會問題是個巨大存在，怎麼解決？因為靠自己找不到，於是有人參加社團、宗教、甚至不斷換工作，或是去修學位、唸MBA，目的都是在找對象，只因擇偶市場沒效率。最誇張的例子是韓國統一教教主夫妻，竟能多次成功地把一堆自願被「送作堆」的教友辦集團結婚？統一教於1954年由教主文鮮明韓鶴子夫妻創立，是根源於基督教的新興宗教，它擴張的速度相當驚人，常和邪教畫上等號，被認為是文鮮明斂財的工具。他們曾把在南韓把來自全球64國的統一教教友，在數萬名教友的見證下辦集團結婚，這些共結連理的人當天之前根本不認識另一半。他們來自

不同的國家、說不同的語言,但都願意被盲目安排,可見無法自己找對象,被安排對象的現象不是只有我們,其它國家的也有。我看電視報導,其中有許多高學歷的人,還有黑種人配黃種人,可說是「喬太守亂點鴛鴦譜」的現代版。這樣的集團結婚一次是4千對,可說是全世界最大的婚友社!也就是說,有8千人願意被人這樣安排婚姻,因為信徒認為教會是促成國際聯姻的最佳月老。大家想想這說明了什麼?受過教育的現代人,竟因擇偶系統差到讓他們寧願閉著眼睛被人安排去盲婚,比古代人還愚昧,真是不可思議,但可以應該要理解,連高知識擇偶者期待別人幫他(她)做選擇,可見擇偶者的困境。商業化、市場化的婚友社問題多多,而民間想幫人選對象的媒婆也都是熱心的,但往往幫人配得風馬牛不相干而讓相親者錯愕,可見熱心不等於配得好。不管是前民間或公司行號的社團、網路或婚友社,無法解決全部擇偶市場的問題。想靠沒有監督單位的婚姻中介單位或媒婆來擇偶,就要注意是否會被草率配對、亂配。人數可觀的擇偶市場上,沒有有效率的中介單位,讓擇偶者無路可去。目前最成熟最有效率的婚姻中介是到東南亞引進外配,交易非常容易成功,聽說去當場看了付錢就可以把人帶回來,毫無尊嚴與浪漫,它的效率基礎在於:把人當商品,這樣的婚配造成婚後的高離婚潮。

12 不浪漫、昂貴、盲目、沒效率、可能做假的某些婚友社服務：小心破財失身傷心

沒有了媒婆與長輩來包辦，又沒辦法自己找，那麼求偶者的需求怎麼解決？「婚配」是一個市場，也是一個供需行為。但此事沒有通路，是人間無奈。要找好餐廳，有網路可查資料。要找工作，人力銀行、中介公司、親友間，都可開口。要找個東西，過去有黃頁，有零售小店，有批發大賣場，現在有網頁，有蝦皮，有淘寶。只要掏錢，就能滿足各種需求。再貴的東西都有人「買」，如果能用錢「買」對象，有人會願意出錢的，但可惜合適的姻緣用錢不能買到。比任何東西更重要的「一個人」「一個男人」「一個女人」，我們沒有賣場可去找。起先我們會覺得不可思議，怎麼會找陌生人、婚友社來幫自己找對象？但古代媒婆沒有了，自己又沒能力為自己找到對象，確實當前的擇偶系統的功能不彰，於是現代婚友社應運而生。茫然的適婚者、無計可施的求偶者，最後都可能會走上這條路。婚友社及網路確實有幫上忙，但前者收費很高、服務量有限，且也沒保證結果。兩者都讓人眼花撩亂，且都有陷阱，目前兩者都沒能具體解決整體需求。我認識幾個民間媒婆，確實有服務到擇偶的人，但他們的模式也是很沒有效率。先收人幾萬元，然後雖然號稱是電腦作業，但實際是靠幾個老員工，抱著好幾大本的檔案夾，憑自己的手指在一頁一頁地翻著陳舊的報名表。交數萬元給婚友社，每周或每月見一個對象，比傳統媒婆的小腳速度還慢。且規定若已有

交往，就停止再介紹其他的人選給你見面，就和戀愛規則一樣不合理，不讓你同時交往一個以上的對象。報名婚友社的人已經很急了，還得這麼慢？真是沒效率。一樣沒效率的婚介服務，讓滿懷最後希望的報名者，付錢後被當做商品應付，更拖延了擇偶時機。曾有人參加婚友的活動，要他扮演「白雪公主」裡的七個小矮人，讓他好嘔。我去過婚友社演講，看到的是一個一個卡座，讓人有如問診般見面談話，很不浪漫。Speed Dating 通常是在餐廳裡，一堆男女排排坐，吹哨男生即換位子，有如生產線，這種快速模式，把見面當做「快速極簡面試」，不講情調與氣氛，更顯草率及扼殺浪漫。

。我們相信大部份的婚友社都是有愛心、有制度的經營者，但其中不乏是要找人頭的銷售業者，甚至安排見面的是陳年舊客戶(做會員多年一直沒相親成功)來出場充場次，或是請來的「槍手」「托」及「演員」去見每個會員，讓相親者誤以為真的被安排到好對象，這都是不道德的商業行為。但基本上，婚友社能服務的人數，和適婚但想找對象的人數相差太遠，一是入會費高，二是服務數量不夠。即，目前婚友中介單位的問題：不是昂貴、就是盲目，相同的是也沒效率。曾有人參加婚友的活動，要他扮演「白雪公主」裡的7個小矮人之1，讓他好嘔。聽說還有婚友社以「高檔對象」來索取高額入會費，但不保證結果，只會讓你(妳)不斷地與人在小小的格子間裡見面……不浪漫、昂貴、盲目、沒效率、可能做假的婚友社服務：小心破財失身傷心。我認為即使是婚友社或speeddating，也不要弄得如此完全沒有浪漫感。沒有

有效又不浪漫的婚友系統，沒有解決所有人的需求。曾開過婚友社的人告訴我，他們覺得經營困難的原因是，落單的女性往往是因害羞而成為沒有吸引力的乖寶寶，而男生往往是因為條件太差而落單，因此很明顯要為他配對是非常困難。

▌13 充滿了陷阱及危機的網路擇友

至於新興的網路，確實有人透過它找到對象，但也聽到許多被騙、被害的故事，因為網路是個可以完全做假的世界。極度渴望愛、積極找對象、內心寂寞的孤男寡女被壞人輕易看破，讓他們的受害的危機很大。近年來，我聽到的被騙案例就有3個，1個被騙150萬，1個被騙1200萬，1個人財2失而得了精神病症……非常可怕。我也聽到許多有婚姻的人在婚友網頁上找對象，擺明了尋求交往但不是尋求正規關係，也讓真心要找關係的人受害。充滿了陷阱及危機的網路擇友，是一個非常大的挑戰。

哎，要買車，買生鮮水果，買鑽戒……要找到它們，多麼容易！實體店、網店讓你挑，但你要「找」個人？竟然這麼困難？「婚配市場」沒有科學又安全的通路與平台，讓擇偶者困住了。沒有效率的通路與平台裡，還暗藏了許多看破芳心寂寞而行騙的壞人及玩家，要小心。綜合以上，你是否會突然明白，難怪這麼多人沒結婚。啊！外在的因素(環境及時代)這麼多，還有這麼多你的內在個人因素及擇偶市場的不合邏輯加沒效率，甚至還有陷阱。

所以，容我再說一次：不婚族不要太堅持己見，因為你的單身選

擇並非是你真正的決定，而是大環境及個人諸多思想迷思，及不健全的擇偶系統等綜合諸多問題造成的結果！而非你的選擇。你因為結婚的困難這麼多，結果就以為自己選擇了不結婚。我認為，這個社會問題必須解決，突破方法，就是接下來我們的功課：除弊後興利！培養積極的心理建設！

第4課

心理建設

「選擇說」&「發現說」

「婚姻三昧」的「要」與「不要」

▊ 恭喜尚未結婚者，因為人生最重要的事還沒做

想結婚而一直結不成婚的朋友，通常會處於一種沮喪的情緒中。不好意思說，逢人還得否認，強調單身也很好……這種情緒，只會惡性循環，更阻礙了紅鸞星動的可能。我要恭喜尚未結婚者，為什麼？因為一個人只要尚未結婚，就代表將來的一切都有大有可能，美好的遠景就是：無限大。你還有無限的美好可能，沒結婚的你，還沒有犯錯、出錯，闖禍…還有機會創造美好，這真是太棒了，因為婚姻就是一種創造。上完這堂課，也許你會娶到一個一起發財的老婆；也許你會嫁到一個出人頭地的丈夫；也許你會找到一個一起過平凡夫妻生活而樂在其中的人。當然，也許你是娶到一個讓你頭痛的老婆；也許你會嫁到一個沒出息的丈夫；你會找到一個什麼樣的人？……這些都因你的選擇而發生。誰也不敢斷言，你未來會如何。但只要有選擇，就會有事情會發生。不選擇，就不會有任何事情發生。虛度一生，這你要的嗎？不會吧！所以，未來是大有可為的，現在你的選擇會決定你的人生方向！萬事都有可能。懷著欣喜期盼的心，有擇偶之路，總比沒有好，就算沒有結果，也總比空白來得好，同意嗎？恭喜尚未結婚者，因為人生最重要的事還沒做，上了課，做好準備再出門去擇偶吧。我的建議，不要聽天由命，不要隨波逐流，不要被時代將軍(不利結婚的因素這麼多)。境由心造，相由心生！向宇宙百貨公司發出訂單，說出你的夢想，勇敢去滿足你的生理心理需求！但要先去除以上的障礙，也就是「除弊」，接著我們要馬上做的是

以下的「興利」，也就是我建議擇偶的人要建立的觀念及行動。

▎1學習擇偶學：婚姻不能反悔，與其婚後抓藥，不如婚前練功

「擇偶學」是一門大學問，人生幸福最基本的功課。結婚不是被迫，是生理心理的本能巨大需求，當然不能被生理心理衝動擺佈及運氣指使。提醒大家，如果你是裁縫，你願意改衣服還是做新衣服？當然是寧願事先好好設計規劃，做一件美麗合身的新衣服，也不願意事後再煞費周章地，去修補一件只因為可惜而不捨得丟的舊衣服吧。假如是上餐館，是否先去搜尋比較口碑，選擇一家最棒的餐廳？當然，一樣要花錢，當然要花得值得。「婚姻」也就是做一件衣服，安排一頓大餐，我們都得好好事先做好功課，不然就要去「改衣服」或吃得反胃、拉肚子，甚至是厭食、生病了。所以，學習如何「婚前擇偶」比「婚後再努力調適」來得更聰明，也更輕鬆。婚前，你一定要拼命的比較、選擇、測試；婚後，做了決定，無論如何，就要「有選擇要負責」！要用一切辦法，就算不合身也要改衣服，所以，婚前努力做選擇，擇偶之道，實在是太、太、太重要了！被拋的鞋子或衣服不會哭、它們也不會生小孩，「婚姻」你不能說不合就換了、算了。有人強調：「何必勉強，合則合，不合則離，就像不合適的工作就要換。」對不起，別開玩笑，換個工作、丟個衣服鞋子，你的老闆不會哭、你的鞋子也沒有生出小鞋，當然可以合則

合分則分。而人是有記憶、有傷痕的、會生小孩的——而小孩也是有感覺、有記憶的。婚姻是不能反悔的，所以擇偶人在婚前一定要練功強身，學擇偶學！病時或臨死才抓藥，不如平時就鍛鍊好功夫來得根本。掌握姻緣、懂得擇偶、重視婚姻的人，就能在婚後無後顧之憂，輕鬆放心地去發展自己的工作事業理想，這是非常美好的事。反之，你若小看、忽略擇偶及婚姻的功課，婚姻就會來處理你，處罰你，使你不得助力及受助力，讓你「未蒙其利，先受其害」。擇偶，及在婚姻中生存的技能，和選科系、選工作、考慮是否留學比起來，若沒有更重要，至少，也是一樣重要的！對所有的人而言，若感情破裂或親情乾枯，成功致富的人生還是很痛苦的。對那些較重感情的人而言，情感功課是人生中最致命的事。「預防重於治療」的人最聰明，因為，成本最低，也不需太努力，更不致於吃力不討好或適得其反了。只要在婚前智慧發現、慎選伴侶，就不用在婚姻中非常痛苦地忍耐或付出各式各樣的犧牲。「擇偶學」是一門大學問，人生幸福最基本的功課。結婚不是被迫，是生理心理的本能巨大需求，若被生理心理衝動擺佈及運氣指使，肯定會出亂子。情感教育影響一個人的一生幸福和快樂這麼大，怎麼可以沒有起碼教材？也沒有補習班？既然欠學，就該及時補習、自我救濟。請大家不要否定或批評婚姻，父母老師都沒教的事搞砸了，這是「不教而殺之，謂之賊」也。

▌2 要及時補修擇偶課：「會嫁」「會娶」是一種 好本領

從小到大，一直學習考試，殊不知，「會嫁」「會娶」的好本領，比數學、英文的高分來得更重要。因為前者絕對決定你們的幸福指數，後者對你的影響，在離開校門後就有限。因此本課程會花很多篇幅討論「誰是好男人？誰是好女人？」這個公案。我經常到知名社團演講，有一次社團會員的夫人們另外特別安排一次專題，我把握機會問全場皆是女人的她們，當初是如何擇偶的？因為她們的丈夫，都是重量級、身價上億的企業家，我的發問是想市場調查一些「擇偶學」的實質資料，以為會得到一些故事。結果，她們不是掩口而笑不語，便是回答：「我也不知道啊！」只有一位炫耀地說：「是啊！我的親戚、姊妹都說，我真會嫁！」當然，我們都知嫁娶到成功者不等於婚姻幸福，也不該如古代的人那樣，把好姻緣歸諸好「命」，但我認為，「會嫁」、「會娶」，是了不起的，正如努力求偶的人是值得尊敬的。找到好對象是一門本領，結個婚能減少奮鬥三十年有何不好？能夠慧眼識英雄，和好男人、好女人結成婚，這絕對是一種智慧，也是一種本領，同時，也是一種必要，因為每個人都想追求幸福人生，而一個好伴侶，就是其中的要件之一！我們不要矯枉過正，鄙視求偶成功、獲得名利成果的人。不要笑別人「花癡」「急嫁」，那是人權！矯枉過正，和因噎廢食一樣，都是不健康的態度。

▌3 破除離婚恐懼症：我們的婚姻不算太失敗

統計專家及預測專家早就在多年前預言……（反正數字是一直在變的，你只要看看就好，重點在我為你做的分析）……台灣的離婚率越來越高，1/2走進禮堂的人會離婚。且帶領離婚潮：在亞洲身居第1名，在世界則是排名第2？難道我們要直追第1名的美國？拜託，沒有人喜歡這種排行榜。總之，專家講的愈多、實例及統計數字看得愈多，結果，「婚姻真的很失敗」的焦慮就?生了。請破除離婚率恐懼症，每一對新人，完全不必想著「1/2」這個數字，你們成為那2對中的那一對的機率並不高，要正確解讀統計數字，要讀懂真正的代表性及涵義。仔細讀一下：「今年離婚的人是今年結婚者的幾分之幾」或是「兩對結婚者就會有一對離婚」……1/2的數很嚇人，但它並不是指在今年結婚的人1/2會離婚，而是，過去很多年結婚的人，一直累積到現在的「所有的、所有的婚姻人」、中古婚姻、上古婚姻、侏羅紀時代婚姻……總婚姻人口他們離婚的數字啦！是龐大的總婚姻人口的離婚數，與今年結婚姻者的數字相除而造成的數字。也就是，是「今年所有結婚數」加上「過去所有已婚前輩」的總數，是這所有婚姻人在今年宣布分手的數量和「今年的結婚數」相除的結果。那是所有陳舊失敗婚姻的造成的數字，且我們可以預期離婚率會增加，因為隨婚姻總數在提高啊！再分析一次：離婚率是所有婚姻人口造成的，並非「當年結婚者」的成績。這是「侏儸紀」、「上古」、「中古」時期的婚姻共同造成的結果。年輕人

可能是衝動結婚又衝動離婚；而上古、中古婚姻往往是熬了幾十年後，終於在孩子長大了、房子貸款繳完了、勇氣足夠了、氣受夠了後、終於決定不熬了、不再被婚姻關係綁架、在風氣比較開通的時候就分手了⋯⋯高離婚率，並不是「新婚者」「當年結婚者」「年輕人的婚姻」的獨創成績！是大家共同造成的。正確解讀統計數字，恐懼不會有任何好處，不要因噎廢食而排斥婚姻，正確的反應及採取因應之道才自求多福。不要被時代環境封殺姻緣，也不要隨緣隨波逐流，更別讓生辰八字、江湖術士的話來決定你的幸福。我們的婚姻，還不算太失敗。還是那句老話，婚前不要怕，婚後不要悔！只要積極選對象，智慧處婚姻。「7挑8選擇偶學」助你找到一個湊合的對象、「天龍八部/功能婚姻」助你在婚姻裡7全8美地存活下去。

▌4連離婚者都肯定婚姻：有結婚總比沒有結好

為什麼我鼓勵各位英雄美人結婚？這裡還有一個理由，不過這個論點有點怪異，請試著瞭解。在諮商時，我曾多次開門見山問那些有婚姻問題或離了婚的人：「雖然你在婚姻中痛苦、或離了婚，可是說真心話的話，你是寧可從來不曾結過婚，還是你寧可是個有結過婚的人？」被問的人，當下的反應，絕少因為我的直問而生氣。相反的，他們都很願意針對我的問話，認真地深思起來。認真地想過之後，他們的回答，到目前為止，全都是：「雖然如何如何，雖然我很後悔，雖然我損失很大⋯⋯但是⋯⋯現在

回想起來，我還是寧可結過婚，即使現在離了婚⋯⋯」他們的意思是：如有選擇，不願做個從來沒結過婚的人。更誇張的是，所有的離婚女人最後還會補上這樣的句子：「很感謝他。」為什麼？因為，前夫讓她成長，讓她養育了兒女。可惜的是，很少有離婚的男子像離婚女子這樣會感謝前妻。他們，有些仍對婚姻仍有期望，但有些已經全然死了心；他們，有些在婚姻裡受到創傷，有些卻是給對方傷害的人；他們，有些是被對方遺棄，有些則是採取主動走出婚姻的。故事儘管各自曲折，心情畢竟如此不同，可是，令人驚訝的是，不分男女，他們都寧可「有過婚姻」！他們說：「雖然代價很大，但我學了很多。」「雖然已不愛他，但也要感謝他。」「至少生了孩子，讓我很有成就感。」⋯⋯他們的答案，帶給我無限訝異，也更教我感動。我勇於不斷地向人提出這個問題，是因為每次得到他們的答案，都可以從他們的臉上看出某種領悟，許多深刻的表情，甚至有時候還顯露出靈光！婚姻這個道場，讓你遍體鱗傷，但也讓你快速成熟、逼你「修行到家」。我的問題，使他們站在主導的立場，重新看待不完美或已離開的那個婚姻關係，再次做一次「選擇題」！從他們不迴避這個問題的態度，以及一致的肯定答案，我們學到這件事：被婚姻磨練過的人，不怕答題答得多糟多爛，雖然多多少少會懊悔自己付出了心疼的時光和青春，但是，我們寧可接受「婚姻」這道人生試題的考驗，而不願交出白卷，避開答題；更不願置身「聯考」試場之外，做一個因為怕不及格，而沒有進過考場的人。放棄了婚姻的人，有各種繼續活下去的情境。

的歷史就越複雜，個人的習慣越多，毛病、問題、犯的錯、傷痕、糾纏不清的感情債一定越來越多，彼此適應就更困難。年輕時結婚都適應困難，年紀大時更難。最好趁大家都還純真時，選擇在一起。社會的複雜化，讓觀念、關係單純的人愈來愈少。我看到人到中年，沒有一個人是身上沒有傷痕的：健康、財務、感情必有一個，甚至兩個三個都有的傷痕。所以，請及時、在適婚年齡結婚。越晚雙方的毛病、習慣、越多。習慣是第二個上帝，一旦養成了獨居自處習慣，就很難接受與人親密相處，當然很難去適應另一個也已養成許多獨特習慣的人。我直說吧，通常一個人越老就越怪，不怪他們，但這是事實。在許多壞事還沒發生前就找個一定較單純的人「在一起」，可以扼阻許多沒必要發生的事。即使婚姻品質不太好，但它真的就是一個傳統說法：婚姻是個讓人休息的「避風港」。它可以安定一個人讓他沒有後顧，並得到生活起居的照顧。若沒有一個「家」，表面上沒有婚姻「枷鎖」的人，但他(她)的生理心理天然需求仍是存在的，於是一定會在市場上亂竄。不要晚結婚，原因有很多。晚點看到的對象即使是合你的意的，但你肯定是比較老比較醜了。太晚結婚，已年老色衰，沒有享受到較乾淨的情感及青春的肉體，太可惜。太晚時過了生育期，精子卵子的品質都老化了，老了才生子，自己生得累，帶起來更累，還對不起兒女。高齡產婦有諸多問題，適生年齡生孩子是享受，超齡生產是忍受，你老了但孩子還沒長大，這樣多有壓力。無分男女，如果你對事業有野心，那就更要早點結婚，在年輕時辛苦一點兼顧了人生大事，孩子一旦上學後，你

就可以全力沖刺事業了。別怕婚姻會影響事業,很多因為這個理由而不結婚的人,結果也沒有發展出什麼事業。家庭與個人的發展並不衝突,它們可以相輔相成,只要婚前懂擇偶,婚後具有好觀念,沒有後顧之憂的人事業可以持續衝刺。不要再因「緣份未到」及「等待念頭」而拖了。按照傳統的「緣命說」「門當戶當」的封建婚姻,有沒有讓所有人婚姻幸福?沒有,以前的婚姻,配得好的靠運氣,運氣不好的靠忍耐認命而白頭偕老的。現代的現實「條件說(財富、學歷、顏值、身高……」在「自由戀愛也自由離婚」之下,不婚與離婚的數字節節升高。也就是說,傳統或現代化系統都不保證婚姻幸福,那我們還等什麼等?別等了,別拖了!好花自然開!時機成熟時,必然果子熟落;別等結果時間過了,再來後悔。別拖了。

▌10 別再等「成熟」及「完美」:勇敢成熟的選擇就是「不再等待成熟」

不婚者說:「看到的人都很差、不成熟……」那麼,我們何時能等到眼前的異性們都成熟呢?都有錢了?都有房有車了?難道我們一定要等到自己的、對方的物質、精神條件都沒問題時再結婚?若我們看得到的人遲遲不成熟呢?事實上很多人到死時都不成熟、沒有錢。一個人的經濟、性格或許會隨著時日而可以更成熟,但生理肯定是越來越衰老,越晚結婚生兒育女越困難。若要等條件變好時再結婚,那,你就只能再等下去了,因為有可能你

到最後這些問題都沒能解決，但你已經老了，病了，沒有人會看上你了。要等萬事具備才去結婚，我看世上這樣的人沒幾個吧。一生的成熟，有不同的路途。生熟的時間早晚，因人而異。事實上，在我們離開世界時都可能還不成熟！曾聽過許多人說，因為「結婚」才成熟。也聽少數人說，因為「離婚」才使他真正成熟。「選擇說」在這裡向你建議，何必用那麼高的成本、那麼痛苦的代價來成熟？認真戀愛，好好擇偶，就可以成熟。等什麼？你可以選擇的就是眼前的這些人，除非你留學、出國、移民去別的地方去找(但那邊有一樣的問題)。你想等對方買到房子，但若他這一輩子都買不起房子的話，怎麼辦？而現在靠自己的能力買不起房子的人有很多。越想跳過擇偶過程的漫長及挫折，越想早早認識自己及人生，早點通過人生的考驗，就是不再等待。成熟的選擇，就是不再迷思「成熟時再結婚」。真正的成熟，是不再等待自己及對方的成熟，在你們都還不成熟時就彼此選擇，這就是「愛」。中國古話「道德勇氣」說得好，懂得是非？沒用，要有勇氣執行，道德才存在。幸福也須要勇氣，任何選擇都要付出代價，婚姻尤其如此。選擇婚姻不靠條件，靠選擇的勇氣。

▌11 等什麼等？遲早要做的事，就去做吧！

表面上，不婚族愈來愈多，但這並不等於單身的人多。表面上，不婚的聲浪高，但這只是形式上的說法而已。要注意，宣稱自己是不婚族的人，可能生活根本不是單身，其實與人同居或有性伴

侶，即，聲稱不婚的人有的是照樣有男女關係，可能還比沒有婚姻的人更活躍、有更多的自由及伴侶。明明想要有關係，但不要承諾及負擔，這麼的不真誠？當然世界就不會給你一個家，這是因果關係。唯有真誠表明想要有個家的人，才可能會有一個家。我想說的是，既然是需要伴侶的，一直是有「關係」的，並非真正沒有男女生活，那麼為什麼不把這個功課做好呢？把關係正常化、婚姻化呢？沒有婚姻的關係說拆伙就拆伙，一生可以拆很多次！有結婚證書的關係，至少有外界力量讓人冷靜及調適，阻止不必要的離婚。既然想要有婚姻裡的享受，就接受婚姻吧。曾聽到有人歷經曲曲折折，老大不小了才結婚後說：「早知道結婚並不可怕，早就該結婚了。」「原來婚姻這樣好，真後悔浪費那麼多年。」總之，如果遲早要結婚，那就及早結婚吧———別再努力硬撐了！承認「不婚不等於真的想單身」：既然遲早想要結婚，乾脆就結婚吧！等什麼等？沒有人跟你保證你再等個5年就會有個好對象出現，相命先生會說明年就會出現，是對你付他算命費的回報啦。我知道「寧缺勿濫」，但你願意因為適合的人沒出現，就一生「缺」伴侶嗎？我當然知道會有「相見恨晚」這種事，但「恨晚」出現時就要離婚的話，你這一生會離很多次，因為後來出現的「恨晚者」會越來越優，不會只有一次。這是一個簡單的算數，你要長程的有伴生活，還是要等到很老時，合適者出現時才有伴侶？這是我的口頭禪：遲早要做的事就去做吧！其中就包括結婚這件事。對我而言，遲早要做的事，我是一分鐘都不遲疑，就去做的，且不管成敗，至少我在可以做的時候就做

了，我不會問何時是時機，也不會「再等等」，因為我知道，意外和明天不知哪個先來，在我意識清楚時，我會把「遲早要做的事」就去做了。你呢？

▌ 12 千萬別棄權：把握「可以選擇」的時代賜與

我們的時代給了我們可以選擇的機會，竟不選擇？豈不是辜負我們的幸運？古代的人完全沒有選擇權，被父母家族決定婚姻。想想古代的「指腹為婚，媒妁之言」的包辦婚姻，陌生人硬上弓，多痛苦？而我有幸能選擇！為何不選擇？別說怕失敗，反正天下事你橫豎都是要努力、要辛苦的！婚姻不過是另一樁。學生時代，不能因為我們怕考不及格就不考試，同樣的，不能因為怕婚姻不成功就不走進婚姻，逃避不是解決問題，迎戰才是。凡選擇都有結果，凡選擇都要付出，不選擇也一樣要努力。向左走？還是向右走？你的一生反正都是要向前走的、都要努力的。幸福絕不可被安排，婚姻一定要自己選擇，不可由人安排。即使是經人介紹，經過自己的交往，決定要不要往下走，都是自己的決定。人生已有許多事沒法由自己安排，婚姻大事若還不由自己決定的話，你等於白白活在這個自由時代裡。我們要歡呼我們有選擇的權力及機會，不選白不選，有機會選卻不選，太浪費時代的恩賜了吧。

▌13 好消息：你可以選不同的「菜單」

我們有幸活在這個時代，街上有大江南北各種菜館，愛情婚姻也一樣，有創意發揮的多種「選項」。它是人生可選的「選項」之一，不代表全部，請放輕鬆接受它，它就不會那麼讓人窒息。我完全不反對「單身、同居、不婚、不生」，不要有後代，這種朋友間接有助於減少世界人口爆炸的壓力，也是偉大的。有些人因為單身而在事業上有大發展，或在醫學、藝術、哲學中對人類有很大的貢獻，我也很敬佩他們。真的，人各有志，機緣不同，決定不同，就像上飯店點菜一樣，我真心舉雙手贊成不同的選擇。有些人真的不適合結婚。這種朋友不結婚，也是蠻道德的。這是自由時代每個人的權利。你可以選擇不同的組合及模式，在自由時代，家庭的模式有豐富的菜單：分偶、分居、雙核心、單親、單親複合、再婚、柏拉圖式關係、同性家庭、單性組織、形式夫妻、功能夫妻……你總有一個可選吧？你可以選擇跟隨傳統，也可以選擇創意奮鬥、挑戰傳統！你可以夫妻財?分別制、也可把雞蛋放一個籃子裡。你可以如膠似漆，也可以平淡如水。你可以熱戰冷戰到白頭到老，也可以相敬如賓像朋友。默片、偵探片不妨都上演一下，人生才有變化與趣味！反正都是選，都是要調適，何苦選擇猶豫不決、逃避現實、過一天算一天，推給宿命呢？何必是交白卷呢？婚姻是一件豐富、好玩、神奇的事。

▌14 願意應變，就可以接受婚姻

因為對象的不完美(因為你自己也不完美)而不選擇，我覺得沒必
要。只要你不要的對方沒有，就可以考慮！我們要彈性面對擇偶
及婚姻，理由是：「婚姻」這件事，是因人而異，而且可大可
小、隨時間而不同的有機體。即使你在適婚年齡千挑萬選；選了
一個結婚了，但是我保證你不可能一輩子滿意你的配偶的。為
什麼？因為世事?變，人心?變，和婚姻這件事一樣。萬事都是隨
時間而不同、因人而異、可大可小，由你決定的。別再說找不到
合適的，我向你保證，結婚當天再合適的對象也一定會變的，因
為你自己也會變的！且一生會變好幾次。覺悟吧，只要活著就要
應變，工作是如此，婚姻更是如此。你上班時主管一換你就得調
適，你只要拿出適應工作的同樣精神，你就可以擁有婚姻。我們
無法「訂做」一個理想的對象，也沒有絕對適合雙方的組合、但
只要不斷應變，任何婚姻組合都可以白頭到老。你的性格、需
求、價值觀都在變，即使結婚當天是天賜良緣，合拍得不得了，
但漫漫人生路上，一定有你高我低，你落我起地發生各種變化。
人生沒有最好的決定，只有在你作決定後，做到最好，但結果一
定也不會是很好，但你的人生其它的事也多半7全8美而己，你
願意接受不完美就好。世上唯一不變的真理，就是「事情一定會
變」，願應變、能應變，沒有什麼事能難得倒你的。

▎15 凡是是過去的事都不重要：告別記憶創傷、自我創造幸福

不婚，當然有可能是因為曾經的遭遇或傷害，所以對異性、婚姻有恐懼、懷疑……等各種負面情緒。為了自尊心，就把攻擊隱藏成隔離、批評、嫌棄。就因為這樣，你(妳)更要去除這些傷害，為自己的未來打造自主的幸福。你長大了，你離開了不理想的原生家庭、你遠離了傷害你的人與環境了，你要勇敢地去除「異性恐懼症」、「異性嫌棄症」……等等心理，別太在意你的條件與過去的失敗經驗，才能開始爭取餘生的幸福。我的座右銘：凡是過去的事都不重要！重要的是現在及將來。我向你保證，你的下一個戀情，不會是上一次的連續劇、延長版、綜合版，你不要抱著以前的印象開始下一次。你要做的是：由上一次學到東西，有所增長及改進。不要因噎廢食，不要因為父母的、別人的婚姻失敗就讓你卻步。婚姻本來就超不容易，但不應因此因噎廢食。你的婚姻不會是你父母的複製版或連續劇，只要你告別童年或少年時的創傷及惡劣印象。把痛苦的過去當垃圾丟掉。不要和「同羽毛(同樣遭遇)」的人做閨蜜，和有同樣「受害心理」的人保持距離。交友不要「偏食」，這樣人生的營養就會不均衡。不要害怕新的戀情讓你再次受傷及丟臉。真心想結婚者：不要怕失敗、不要怕丟臉……透過「戀愛美學與分手美學」，早日有機會演練「功能婚姻」。告別孤單或不幸吧！選擇與人合作找幸福吧！另一個等著與你拼圖的人，是現成的。我的口頭禪：「凡是是過去

的事都不重要」，請參考。

▌16 勇敢地公開擇偶：杜絕擇偶的歧視

我主張，擇偶要比找工作更大事！去除單身病毒後，要公開擇偶，正如你公開找工作一樣，應該要像計劃一件企劃案一樣地列出工作單。「找對象」與「找工作」我認為前者更重要，因為它事關一輩子及一家子，且經不起犯錯。想想看！一份工作找得不理想，可以離職、跳槽，而一個找錯了的對象，損失有多大？會有多少後遺症及痛苦？求偶，比求職更光明正大、更積極、更主動、更主權。不論男女，人人都有求偶的權利，也有七挑八選的現實壓力，我們應該要認為這樣的人是很負責任的，因為他(她)對於「找一個好對象」這件事非常地敬業坦誠。這種誠實又有行動的人，往往就是很好的婚姻對象，我認為。比起心中其實非常想戀愛想結婚，卻在嘴上一直否認的人，這種人可愛、可取得多了！事前不要猶豫、偽裝，事後不用傷心與難過，不必「修復期」、青春有限、事不宜遲，馬上開始下一段擇偶。就像我離職後，馬上就四處找工作一樣。對追求伴侶者的歧視是不應該的，我們應該說「想找對象」和「想找工作」一樣大聲，要勇敢！我們應該尊敬求偶者，而非嘲笑他們。努力找對象的人，我們不但不能取笑他，而且要提醒自己，不要尋別人的開心，吃人家豆腐，佔對方便宜，要真誠又快速地表明意願，不可吊人家的胃口。對追求伴侶者的歧視是不應該的，我們應該說「想找對象」

和「想找工作」一樣大聲,要勇敢!我們應該尊敬求偶者,而非嘲笑他們。要以「求職」的同樣幹勁和誠意來找對象,不要怕失面子,有了裡子才重要。求偶者也要想清楚:1,不支持你找對象的人,就是不祝福你的人,你就沒有必要理他對你的態度;2,就算全世界都因此看不起你,只要你最後找到一個伴侶,你就幸福了,你管那些批評你的聲音幹嘛?「戀愛遊戲」盛行的時代裡,一個人能坦白地明示或暗示他(她)想、計劃、渴望結婚,其實是一件光明正大、值得尊敬,也必須被我們重視的可喜之事。你不喜歡對方?可以明白但有禮貌地告訴對方。你不急著結婚?可以告知對方轉移目標,不要耽誤對方。對追求伴侶者的歧視是不應該的,我們應該勇於說「想找對象」和「想找工作」一樣大聲!我們應該尊敬求偶者,而非嘲笑他們。你對嘲笑你的人,理都不要理。杜絕擇偶的歧視,別理那些不支持你的人。當你還在找伴沒成功時,人們把你當個「笑話」,當你相親30次最後終於成功脫單時,你就會成為「神話」。

▎17 別再等「緣份」了:求偶要比求職更積極、更及時

讓我再次努力來驅趕走傳統的「緣份說」,也再次拿找工作來做比喻。坐在家裡,工作會自己跑來找你嗎?一份工作、一個好工作,會是因為緣份來到你面前嗎?假如你沒有告訴親友你想找工作,你沒有去應徵,沒有拿你的作品給別人看;假如你完全不與

人往來、放消息給周遭的人幫你注意工作機會的話，試問，工作會憑空掉下來嗎？假如你好吃懶做，擺明了在等遺產，不事生產，也不和人聯絡，連電話、賴、微信都沒給別人，別人會抬八人大轎來求你去上班嗎？不會！所以，從不和新知舊雨保持聯絡，不參加社團，不參與活動，不肯明朗主動表示對異性感興趣的人，想要等緣份出現？恐怕只好請你繼續在家裡等下去、或是在網站上、追劇時去幻想了。從來沒有一個人說：我目前的工作是緣份而來的。若有巧合、意外而發生，也是因為你與手上有工作機會的人有互動，肯定是你把想找工作的意願告訴外界，這才有所謂好運或機會發生。別再等「緣份」了：求偶要比求職更積極！你可以一輩子找工作、工作不順，沒關係，天天換工作又不犯法、你可以無所謂地「遊戲人間」；但找對象、生兒育女都有生理年齡，不結婚或結錯婚，社會都要付代價：不婚的人太多最後是國家得幫你養老，離婚糾紛太多造成社會動亂、讓下一代及兩家人都受害。在當代，不管男女，積極而主動地為自己找到合適的對象，是一項莊嚴的權利及義務，是為國家社會做貢獻。擇偶，要比找工作的態度更積極、更用功才行。

▋ 18 準備好你的「求偶履歷表」

擇偶，要比找工作的態度更積極、更用功，且最後要在適婚年齡、30歲前完成。若同意，那就讓我們把「求職」和「求偶」來做個比較。當我們要找一份工作時，都會寫一份非常詳盡的履歷

表，上面寫明自己的背景、專長及興趣，目的是讓主考官盡可能知道我們會的是什麼，不會的是什麼；要求的是什麼，不要的是什麼。現代的遊牧族，為了一點芝麻小事就和同事吵架、與主管不合，或是多幾千塊待遇、想休息一陣子，就可能離開工作崗位了。但我們為了這種可能只做半個月、半年的工作，都願意寫履歷表！奇怪的是，不合理的是：為了一生的幸福，「求偶」的人卻不肯寫一份誠實的「求偶履歷表」給對方或紅娘？尤其在「個資法」法律化後，更沒人願意把一份詳盡的個人資料呈給對方。不可思議：擇偶這件事竟然沒有「履歷表」？面試一個工作，沒有結果，你會如何？你會繼續努力，你不會跳腳或自殺，你會央人介紹或是再寄出履歷表。求偶，也應該如此。做一個好的「求職人」和做一個好的「求偶人」都很重要！但是，兩者之中，哪一個更重要？哪一個更經不起失敗？找到一個好配偶比找一份好工作更值得投資你的時間及誠意。

▎19 誠實是「求偶履歷表」的最佳上策：找到想知相愛相惜的對象

我並不是真的要你（妳）寫一張像找工作時一樣的書面履歷表，也不是弄一張「國書」或「投降書」交給對方，而是在交往的一開始就在言談、行動之中，把自己的優點、缺點都主動讓對方瞭解。自己在家裡具體寫一張彼此的「優點、缺點表」是最好，這張不斷調整的表會幫助你越來越清楚。談戀愛，越模糊越好越刺

激越浪漫。但我們在談的是擇偶，我想教的不是不用教的談戀愛。不重要的小事當然不必交待，但關鍵的事不得不坦白，比如你曾結過婚、生過小孩、坐過牢、打過官司、還在負債、開過刀……這些重大的、有關男女關係的大事不可事後才被發現。「求偶履歷表」的概念，使你的身體語言明朗，雙方快速了解優缺點，才能吸引同樣有誠意的人出現，而且必定會減少怨偶的產生。婚友社及相親能創造快速結婚，就是因為很直接地開出自己的條件，及坦白自己的結婚意願而已。一張誠實的履歷表，才能讓你找到一個相知相惜的對象，不用欺騙，不用隱瞞，不要演戲。相知，指的是優缺點都一切坦白；相愛，指的是就是喜歡你這個人；相惜，指的是知道雙方的優缺點而不再挑了：「就是你啦！」再差的狀況，只要願意「將就」「湊合」，沒有什麼不可以！別擔心坦白自己的優缺點之後關係會告吹，那又如何？該告吹的事就該快點告吹，結束後就再繼續「七挑八選」好了。建議你開門見山，在求偶路上再接再勵。

▎20 千萬要誠實：事先知道可以被接受，事後被發現難被接受

有人會說：「哎呀！如果在結婚前都把雙方的毛病弄清楚了，也許就根本不想結婚了。」「都說清楚的話，沒有人敢結婚的啦。其實恰好相反，事先就知道對方缺點而仍然走進婚姻的人，才是真正的選擇，證明這是因為愛情，而不是為了好條件而結婚。事

前雙方盡可能剖白自己的優缺點才是談戀愛之道，因為人性本來就「可以接受不完美」，卻「很難接受隱瞞和欺騙、甚至吃虧的感覺」；事先只要有心理準備而接受對方的缺點時，世界上沒有什麼事是不能被接受的。而事後才發現的話，是被迫與無奈地認帳或認命，就造成痛苦了。強烈建議：婚前，不要怕吵架，愈有衝突愈能發現彼此的價值觀及真性格，這是非常好的事。與其婚後後悔(瞎了眼)或怨恨(生米已煮成熟飯得忍耐)，還不如事前就發現問題而決定接受或及時煞車，不要為了面子而一錯錯到底 。求職時資料不詳盡，或偽造學歷，錄取後一定會穿幫；求偶時資料不詳盡，或偽造內容，問題更大。求職時資格不符合，但仍有可能被破格錄取；求偶時坦白一切，只要對方接受得了，一樣會是好配偶。有一個男生因為股票套牢，揹了好幾百萬的債。有人熱心為他介紹女朋友，他坦白告訴女方自己目前沒有結婚財力且還揹債的實情，反而讓對方很高興他這麼誠實。這一對已經結婚生子了。有一個女生相親時就明言因為手術過，無法生育，恰好對方本來就不想生育，一拍即合，若她隱瞞此事，保證婚後會婚變。世上，沒有瞞一輩子的事。紙不包住火，總有一天東窗事發，還不如一開始就讓對方知道。

▎21 別用「兩性平等」觀點來擇偶，要承認婚姻就是看「性價比」和「CP值」的「交換資源」

「兩性平等」是教育、機會的平等，在擇偶及婚姻關係裡，男女

從來都沒有平等過，現在沒有，我猜將來也不會有「真正的男女平等」。不只是社會觀點的不平等，只要性行為之後，懷胎的是女方，性行為的孕胎成本及養育後果都要由女方來承擔，這裡就完全沒有平等可言。男人視婚姻兒女為人生的一部份，女人卻可能視為全部。再愛家的男人不可能把全部精力放在家裡，而女人願意投入一切。這都是生物性、及本能的不同，無關平等，就是資源的互補及交換。一個富有的矮男人會顯得高大，而美貌的女人等於面子與榮耀，因而可能讓人無視她的內在問題。在父權系統中，女人要從一而終，若不忠於一人就是犯天條，而男人卻有青樓系統可「人與人的連結」；女人再怎麼不喜歡男友及丈夫腳踏兩條船，但婚前的劈腿及婚後的出軌事件，人類史上從來都沒有斷過，這其中的生理及社會因素，就是兩性擇偶、婚配上的不平等。　要承認生心理上，男女比是不平等，不用「兩性平等」觀點來擇偶，要承認婚姻就是「交換資源」。童年時就一位鄰居說，他選太太的唯一條件就是要「胸部大」，不要覺得好笑，就「交換理論」而言，這沒有什麼不對。他的太太果然就是一位超大胸部的波霸，且他們的婚姻也還不錯。女人老是要「上嫁」一層，可男人是「越區」擇偶就是一種市場，也是供需問題。沒有需要就不會有任何交易或交換。　婚姻本來就是交換。我們不可能有「理想對象」、甚至「合適對象」都不容易，但只要想清楚資源交換的道理，只要你的對象在所有對象中，有讓你得到你要的，沒有你不要的，且是「性價比」最高的，就可以選擇了。擇偶就是「性價比(性能價格比)」和CP值(cost/performance價錢/功能)

的一場選擇。你自己可愛不可愛？有沒有對方想要的資源、特質？最好是強化自己的條件，壯化自己的優勢及功能，讓自己身上的資源成為別人中意的「拼圖」，自己才會成為擇偶市場裡的搶手人物，成為性價比/CP值最高的對象，才容易結成婚。沒有最好及最完美的搭配，只有「性價比」和「CP值」最高的「交換資源」，也就是《功能婚姻》裡強調的：維繫婚姻靠的是「功能」。

▌22 世俗條件從來都沒保障幸福婚姻

年輕人在列清單時上面都是世俗條件。但我們不會聽到婚姻裡的人說：

「哦！因為我的老公學歷這麼高、這麼有學問，所以我們很幸福。」

「哎，因為她長得實在太美了，胸部如此豐滿，所以我們很美滿。」

「因為我嫁的家族這麼有錢，所以婚姻很成功。」

「因為我的丈夫身高、年齡都比我高，星座也合，所以能維持婚姻。」……

婚前的這些「條件」，在結婚後就不再是婚姻的幸福保障了。我問過幾對夫妻：「好丈夫、好妻子的標準是什麼？」結果得到的答案是：「只要不成為經濟犯、沒有外遇或肯自己收襪子的男人，就算是好丈夫。」「只要她肯多照顧小孩，少花錢買衣服，不要常常板著臉就好了。」……他們，沒有人再說什麼身高、學

歷、省籍……更沒有人提到星座血型這些年輕時代的玩意兒了。物質條件是會變的！有一個女星嫁新加坡巨富，沒想到婚後是幫夫揹數十億債務；有錢人可能會破產，窮人可能會翻身。外貌協會？美女會變黃臉婆，白馬王子一定有一天成「白髮老頭」。天災人禍，有人生病，都會改變一個人的物質條件……這就是為什麼王子公主的搭配也會成怨偶的原因。

▌ 23 不要(不能、無法)再為了經濟目的而結婚

女人今天的賺錢能力，事實可證，粉紅領階段已成為社會中堅，而女性創業方興未艾，不但已經侵入許多男性的專業領域，甚至女性消費能力抬頭，屬於女性特有的生產業及服務業，比如美容洗髮、文書設計、行銷公關、旅行婚紗、蛋糕服飾……都成為女性擅長的獲利行業。今天的「女老闆」，應該已比「老闆娘」多出很多。這些能幹的女人，在找丈夫還會不會盯著經濟條件不放鬆呢？但很多女人明明已抉擇起了家庭的半邊天，卻還是口口聲聲說對方是自己的「靠山」？這又是一種「不纏腳卻纏腦」的心態。有一次，一位薪水已不錯的女人對我說，「其實我還是希望快點嫁了，讓老公養我。」看來，現代女人仍執著於經濟階梯理論，這已不是「需要」問題，而是「心理」問題了。理想的家庭，其實是男女共同出錢出力、互補互信的一種組織。即使今天你做一個純家庭主婦，也要對這個趨勢要多少有點心理準備及財務安排才好。擇偶的人，更要早點承認迎接這個金錢

結構的改變。很抱歉，要打破傳統的期望，結婚不再是為了「生孩子機器」「免費全職女傭」「長期飯票」「金龜婿」或「節省奮鬥三十年」，雙方在自己能力下付出一起營運婚姻，才是更可貴的。具備自己創造財富的現代女人，不必一直要求對方有比自己高的經濟能力，這樣，除了增加婚姻中的平等、尊嚴及貢獻外，對現代男人而言，也是一項大好消息，因為可以減低他們一生的經濟壓力啊。相信有些男人會誠實承認，並額手稱慶，因為他們扛一個家庭也已經累了。說到底，我們看到的實例是，有許多婚姻是被男方的經濟問題拖垮的，也就是說，現代婚姻裡，雙方可以對經濟沒有貢獻，若能不因經濟而拖累、破壞以感情為基礎的婚姻，那就不錯了。全世界都有貧富不均的問題，且這問題看來是越來越嚴重，我們若要雙方經濟都很好時才結婚，那要等到何時？說白了，不要想著對方能給你什麼，而是對方不會在金錢上、法律上、身體上(暴力、病毒⋯)害到你、拖累到你就不錯了。我們看到沒有經過談戀愛，純交易而來的外配婚姻，其中有多少雙方的不得已與忍耐？令人不忍。

▋ 24 要加速談戀愛、失戀、受傷或受騙的速度

人生，就是在適合的季節裡做最有利、最有趣的事情，千萬別盡是坐在那兒空談「緣份」，用「星座血型八字」窄化選擇對象。但因為種種開放風氣，讓年輕一代可能在很年輕時就亂了性、或因沒有準備好就失戀、懷孕、受傷⋯⋯因為各種打擊，之後就失

去了追求穩定男女關係的動力及信心。事實上，真的有各種暴力的恐怖情人，讓人嚇破膽；真的有騙財騙色的假情人，讓人「一朝被蛇咬，10年怕草繩」。但，世上本來就沒有一次就成功的事，國父革命10次才成功，找對象？古人早就說了要「七挑八選」啊？至少要失戀7次，受傷或受騙3次吧？建議，失敗要越快越多。加速失敗次數，才會有最後的成功盡快出現。你會訝異，百貨對百客，勉強不來的；百貨配百貨，你要加速相親來催生你的「菜」來。提高你的挫折容忍度，越挫越勇去找讓彼此幸福的對象，就像你找工作一樣。要加速失戀、受傷或受騙的速度，好事就在前方。談戀愛要積極些、認真些、速度要快一點，不要在人生最吸引人、最漂亮、最適合擇偶的季節裡，被蹉跎了。你要加速你的失財，好讓成功快點出現。

▌25 要先找到自己、認清自己真正的條件

父母、師長提供你的意見，一定要認真考慮，但是，未加任何思考而把別人的條件當作自己的條件，就不妥。若還是習慣「他們說」、「以前人說」、「相命的說」……把別人的意見當作你的擋箭牌，就等於把你的幸福交給別人來決定。想好你自己的條件，在你的心裡，請準備好你的「求偶履歷表」。你不必告訴別人，但你要告訴自己到底要什麼。很多人戀愛一再失敗(不是失敗，只是還沒有成功)，並不是不喜歡對方，而是借這次「結束」知道自己不喜歡什麼。一直找不到佳偶的人，是因為：(1)

沒有先「找到自己」，不知道自己在「找什麼」；(2) 社會上並沒有管道讓你找到你想找的人。有些人很難喜歡別人，因為他只喜歡自己。有些人很難喜歡別人，因為他不喜歡自己，如何會喜歡別人？很多人很難被人喜歡，因為他的難相處連自己都不喜歡自己。所以，我們可以這麼說，你和異性的情感會如何，要看你對你自己的感覺、情感、評價如何。你所選的配偶，不必是另一個你，也不可能是個和你完全相似的你，卻的確是一面反射出你自己的一面鏡子。所以，準確的說：找對象，其實就是在「找自己」，這事讓你(妳)明白，你是誰？你在別人眼中是誰？過去，你自我感覺良好，你自以為是，但當沒有人看上你時，你就得面對真相：自己到底有什麼價值？有什麼吸引人的地方？這就是「擇偶」這件偉大的事的價值！也是它充滿「挫折感」的原因：因為，面對真相總是不太讓人舒服的。但，真相越早明白越好，你知道自己是誰、真正的喜好及厭惡是什麼……接下來去找對象，才可能不找錯！

▌26 先肯定自己，才能肯定別人

想想這個邏輯：肯定自我的人，反而擇偶條件可以彈性，因為！他（她）不是藉結婚來求得信心、財產、安全感、存在感及虛榮心的滿足的。反之，外強中乾、內心不安的人，抓一個要符合他的各種需求、以便鞏固自己的地位、存在感及面子的對象，目的是來撐自己的場面，補自己心虛不足之處。想找一個理想的、出

色的配偶來提昇自己，來當做自己的前途的人，不是在談戀愛，是在談生意。所以，找到自己的人，容易找對象，也容易找到合適的對象。找不到自己的人，不容易找對象，也容易找到不合適的對象。擇偶第1步：先找到自己，先認清自己真正的條件；第2步：找到可以認識你想找的對象的管道(可惜目前沒有100%安全及成熟的管道)。先知道自己要什麼，再出現在目的也在求偶的人群中進行「7挑8選」，那時再來談「緣份」還有點道理。不然，就是空談。

▍27 「誤解與瞭解」的擇偶誤區：先是不了解自己，才會誤會對方

我們常說，「因為誤解而結合，因為瞭解而分手」。事實上，這句話只對一半，它錯了一半。因為，大部分離婚的人，婚都離了卻可能仍然根本不瞭解對方。要不然，為什麼很多法庭已判決離婚的人，長年以後還在公說公有理、婆說婆有理地爭執不完？甚至因為怨恨而產生暴力或精神病症。這句話對了的一半是：決定要離婚的一方，至少是終於瞭解了自己：明白自己絕對「不要」的是什麼。離婚？表面上是認清了對方原來不是我所想要的那個人，而真正的原因卻是，當初自己沒有明確的知道自己「要」和「不要」的是什麼？擇偶錯誤的第一個原因，是不瞭解自己；第二個原因，才是不瞭解對方。不瞭解自己，也不瞭解對方，兩份誤解加起來的結果可惜不會是「負負得正」，而是「負負得

負」、因誤解結婚而受罪了。婚前只問「條件合不合」，婚後再來說「個性合不合」，就像買鞋時沒有先問自己到底該買什麼樣的鞋而只是看它的外表漂亮而買錯了。

▎28 你的對象就在你的眼前：方圓50公里內的「地理說」決定姻緣

我反對「世俗條件說」「緣份說」「宿命觀」，我主張「選擇說」「三昧條件說」和「地理說」。地理因素，是姻緣的要件。曾經有過統計，有70%以上的姻緣都在方圓20公里以內發生。可不是嗎？鄰居、同學、同公司、同行業、同嗜好的人，以及這些人的親友，就是你的對象。這些人，要不是住得近，就是在同一個城市活動。因為大眾交通的發達，這20公里可以擴大到200公里了。即使你倆過去從未見過面，可是在另一個城市工作時認識了，一聊之中，發現彼此來自同一個城市，馬上便倍覺親切，姻緣，也許就出現了。反之，完全沒有地理空間交集的人，能否成為你的好男人或好女人呢？我有一位未婚的、中年高富帥的學者朋友，當年在電視上被譽為「最有價值的單身漢」，我因為常和他同台演講及上節目，就被認為我和他一定很「麻吉」。於是，就常有朋友找我「幫忙」。幫什麼忙？「我的女兒由美國回來，和他很相配，可以不可以幫我們介紹一下？」「我的朋友的女兒條件很優秀，我們看電視時，都認為跟她最相配的就是他，請妳做個紅娘好嗎？」……這些要求使我很為難。那位帥哥就是因為

有他特定的條件才會遲婚的，我也沒有熟到那個程度知道為什麼；而這些朋友要我推薦的女士我也不認識；我不瞭解雙方條件如何主動撮合？這裡有一個事實：條件再好的人，你透過媒體看到的「夢幻對象」，基本上是你這輩子連擦肩而過的可能都沒有的。即，你們沒有空間、地理上的交集，卻把對方假想為夢中情人，這是多麼虛幻的事？就像把藝人歌星當做老公老婆的追星者，這輩子在空間上完全沒有可能與對方交往，一切的期望都是空中樓閣。完全沒有見面可能的人，你再喜歡也都是畫餅充飢，望梅止渴。向一個幻象浪擲痴情，是非常浪費資源的。再喜歡、條件再好，卻與你無緣相見的人就是與你這輩子無關，就會有「求不得苦」的結果。再進一步說，即使見到了也無法相吸引的人，等於是不存在的人。所以這種想像的條件相合，根本完全不具意義。

▋ 29 沒有共同的空間及活動，就不會有關係

我有一個朋友本來和一位同事沒什麼意思的，但有一次下班時電梯固障卡住，當時還沒有手機可求救，第二天早上才有人來修電梯，於是，這一夜的空間相處，讓他們後來結婚了。只有與你地理上相連結的人，才是你的對象。前面提到的那位朋友希望介紹給他們女兒的黃金單身漢，後來終於結婚了，讓大家跌破眼鏡，因為對象竟是他在大學任教的學生，小他很多歲，很誇張吧。年齡差這麼多竟結婚？原因很簡單，因為他和她有「空間的交

集」，經常在教室裡見面。他結婚時我很高興，因為從此可以耳根清淨了，從此就少掉這種「有理說不清」的干擾了。沒有共同空間及活動，就不會有關係，你騎腳踏車遇到的範圍小，坐捷運高鐵通勤的範圍大，你活動範圍的地理遠近，你賴裡、微信裡的名單，決定你的對象在哪裡。沒有「眾人皆不識貨」的問題，只有貨沒有被買者發現的問題，只有「貨」有沒發出「待價而沽」的進市場訊息。

▍30 沒有共同空間及活動，就不能維持關係

我曾在上海住過近9年，在微信裡的人名近5000人，但因疫情回台定居養老後，漸漸地就和那些朋友、那些群沒有話題了，到了後來，連我的近況也懶得分享了，因為越來越感覺沒意義。因為，沒有共同的活動，要保持聯繫、要找話題，太費心力了。做朋友都要靠地理接近，何況是要談情說愛、上床生活的對象？即使見面很來電，住得很遠，要坐火車或飛機才能見面的話，久而久之，就算有電話、賴或微信的視頻，遲早熱情也會消失。再青梅竹馬，只要身隔兩地，其中一人身邊出現一個熱情的人，也會經不起誘惑的。在以前沒有高鐵及電話，為了能親一親抱一抱能騎車30公里，坐車8小時，但現在有了手機，通通話就行，沒有追求的動作是動力了。異地戀無疾而終的可能性高，因為，雖然你心動了，但彼此住在不同城市或國家，是誰搬家？是誰放棄工作？得有多麼大的動作才能在一起？勤快的人畢竟是少數，若沒

有愛到瘋狂，很快地這種姻緣就會經不起考驗而終止了。再愛，但沒在一個空間裡，現代社會不再有柳下惠及義勇兵了。當兵時經常發生的「兵變」，就是讓年輕愛侶懂這個道理的第一課。就算已結婚，因為工作、事業、家庭問題、留學安排而不得不「分偶」的夫妻，只要長期不生活在一起，難過時沒有肩膀可靠，寂寞時講電話完全沒有溫度、

不用多久，就會覺得在賴或微信上講重複的問候的話就沒意義了，就煩了。沒有共同生活，當然就沒有共同話題，問完你那邊天氣好嗎？飯要好好吃！記得穿得暖，早點睡……就不知道要說什麼了。沒有共同空間及活動，很難維持關係。

▌31 別再宅了：走出家門才會有對象

我想說的是，不要到網路、媒體裡去找，你的對象就在你的眼前：「地理說」決定姻緣。只要向四周圍、向方圓20里，或坐捷運能到的200里以內，遇到的人只要加上其它條件的吻合，就成就了姻緣了。別說未發生的關係，就算已發生關係，只要空間不在一起，異地戀會中斷、已結婚的會婚變……這就是「地理說」。姻緣是否發生，和你們是否共處一個時空有絕對的關係，「好男人」、「好女人」就在地球上，就在你附近、就在你手機名單裡，而不是在月球上或要坐飛機才能到的地方。對象活在四周空氣中，而不是活在你的夢中。閩南俗諺「走啊走，不走不出名。」這句正好適用於擇偶：你只要「走啊走」，你能走到的地

方就會出現對象。不走的話,天天皆在家裡,最後,足不出戶的人在自己的家裡,當然是找不到對象的。天天皆在家裡的人,看的是戲劇裡的演員,及網路上可能的偽人、虛擬的人、騙子。別再宅了:走出家門才會有對象,多活動、多走動、多出現的人,「地理說」可能就促成你的好姻緣。

▎ 32 你想結婚,你才可能結婚

曾有一個名女人問我,當時她事業跌到谷底,心情不好,問我,怎麼才能結婚? 我直接告訴她,「當你最想結婚時,只要有一個當時也很想結婚的人在你面前,你們就極有可能結婚。」即,不是在彼此還在千挑萬選,選東選西時會成婚,而是在急迫關鍵時刻(心情低落、發生巨變、壓力巨大、年齡拉警報⋯⋯)下,很想結婚,不想再等待的一男一女碰在一起時,就會結成婚。行動派的她,回家馬上把電話簿(那時還沒有智能手機及賴)拿起來,搜尋過去結識的男士,然後一一邀出來喝咖啡。就這樣,一個月後她就打電話告訴我,也謝謝我:她已找到結婚對象了。且這一對,目前婚姻狀態還在。你想結婚,你就可能結婚;你想結婚,你才可能結婚。能否結成婚,對象合不合適,只與你的條件、運氣有小部份相關,卻與你的觀念、心態、時機與做法有絕對的相關。

▌33 「發現說」：沒有「理想對象」只有發現、選擇「合適對象」

去除「緣份說」的迷思及「條件說」的誤解，明白當前擇偶個人及系統的問題之後，我的建議是：你要學會的本領是在就近的「地理」環境裡，及時「選擇」及「發現」。表面上好對象是被找到的、是被碰到的，但最後的臨門一腳，需要的是「發現」的確認慧眼。絕沒有完美的對象，一定有所得有所失。求偶是全人交易，不能愛其長嫌其短。懂得選擇真諦的，就能有所創造。選擇配偶，是人生的成熟捷徑。好對象是好運氣碰到的？是前世因緣註定的？是宿命安排的？我沒有答案，但我知道，即使這樣的對象在你的眼前，若你不知道這個人就是可以結婚的對象，那也等於沒有。好對象不是千辛萬苦尋找到的，不是認識最多人，人緣最廣的人才有的，是有慧眼的人「看」到的。好對象是被慧眼「發現」的，被「識別」出來、被「選擇」的。請回顧一下過去所認識的所有異性當中，有沒有可能，你可以結婚的對象早就存在了？只是以前你並「不認識」自己要什麼、不要什麼！以前不確知那就是可以結婚的對象。還有一個可能是：因為你的身體語言，已經淘汰了一些戀愛對象而不自知。「發現說」的秘訣就是「智慧地發現配偶」，基本概念，就是知所取捨。配偶、配偶，搭配成偶，會產生化學作用，化學的結果是建設性還是破壞性，全看你配了誰。這也是為什麼我不說「7挑8選《覓》佳偶」，而是「識」佳偶的原因。抉擇重於努力，努力不如創意。

人生最大的智慧，就是選擇。幸福婚姻，可以很輕鬆，只要你懂得「發現」、「認識」配偶。別再挑了，近在眼前的、和你一樣不過是七全八美的各色男女，就是你可以擁有的對象，可以就是今生的情緣。再挑也挑不到更好的不是問題，因為，我們要的是慧眼「發現」的「合適對象」。我無法改善大家都不怎麼理想的條件，但我想改變大家的觀念，就可以改變一切。萬法唯心造，境由心造！幸福掌握在自己的手中。好山好水，一念之間，你一轉念，就能由單身主義變成幸福主義，由獨身找到伴侶。世上沒有「理想對象」，只有發現、選擇「合適對象」。前面提到：天下沒有理想的對象，只有合適的對象。理想的對象在你心中是唯一，好難！但好消息是：合適的對象卻有許多種。但你要具備彈性的擇選性，你才會「發現」可以結婚的對象有好幾個。但你要有慧眼去發現、去選擇。

▌34 認識深層的「門當戶對」：《婚姻3昧》的審美觀、價值觀與生活習慣。

最後、最重要的課題來了！解決擇偶迷思的終極策略，就是我建議的：深層「門當戶對」：《婚姻3昧》！建議打破「條件說」裡的階梯理論：外顯的學歷、財富、年齡、顏值門檻。但請勿誤會我說的是「門當戶對」不存在！請注意，「門當戶對」是永遠、永遠、永遠都存在的，但我們要認識的是深層的「條件說」，這樣才能找到真正的「門當戶對」對象。要知道學歷、財

富、年齡代表的背後意義、真正的門檻是什麼？其實就是：我主張的《婚姻3昧》的審美觀、價值觀與生活習慣。天災人禍，有人生病，都會改變一個人的物質條件……這時候，再高的學歷、再高的身高也沒用。但很難變的是性格，而性格，就是「價值觀與生活習慣」。傳統的婚配條件讓我們只看表面的學歷、財富、年齡這些數字，其實正是在透過這幾個階梯、在尋找深層的「門當戶對」，我們要尋找的其實是「審美觀、價值觀與生活習慣」這3件事的搭配。若不由這3昧切入找對象，就會一直羅列沒完沒了的外表條件。若用電腦來列清單，就會得到一條越列越長的細目清單，列到後來，這種「完美、理想」的對象，不是還沒出生，根本就是不可能存在於世界上。外表的條件好壞不決定一切，是內在的條件的是否搭配決定結果。

█ 35 決定性的條件。「婚姻3昧」第1昧：審美觀 → 眼緣+音緣+體味+體緣(費洛蒙)

如果「條件說」能解決擇偶問題，那麼我們把最新最大的電腦找來，輸入全國擇偶人的資料配對，大家不就不必辛苦了尋覓嗎？但這套方法是行不通的，因為一對100%匹配的人，見了面得要來電才行啊。這是兩性關係裡最玄奇的一點：來不來電決定是否想要在一起，能否克服日後所有困難持續在一起。明明各方面條件都符合原來的「訂單」，但一見面就不喜歡，因為對方髮型你看不順眼、對方的五官你覺得怪怪的，對方的聲音太沙啞或太高

六、對方走路的姿勢或講話方式讓人討厭……人類是對畫面音波敏感的動物。你(妳)一定要喜歡見到他才行,因為婚姻裡就是親密生活,肉體接觸,空間共享若對方的長相、體味你討厭,這日子怎麼過?我曾遇到一個女士,因年紀大了被迫介紹嫁了條件相當的男士,但她說:「我只要想到他的臉,聽到他的聲音就想吐。我活不下去!」和你看了就說不出理由(或說得出一大堆理由)就不舒服的人在一起,有人這麼形容:「小心翼翼,如履薄冰,委曲求全,一不小心就雞飛狗跳,家煩宅亂,無異於互相投毒,慢性自殺」,說得太真切了。所以,做網友、筆友、朋友都是浪費時間,一定要直接見面、坐在一起、相處整天或好幾天,最好是去旅行,必須經過吵架衝突……才知是否有未來。會打腳的鞋,再漂亮有什麼用?很能幹的人,卻不能準時上班,常常請假,不幹活,就等於零。一片好聽、卻常常跳針的音樂帶,片片段段卡頓,再好聽也是聽不下去…五官不順,就沒有未來。是否喜歡對方的五感(眼緣+音緣+體味+體緣(費洛蒙)…)決定了未來,五感最真實,唯有滿足精神、靈魂及肉體深處的需求,人才可能得到滿足與平靜。

▌36 5官5感決定你們能否共同生活

光是條件配合及衝動時的愛,無法維繫幾十年的共同生活。唯有5官「5感」的彼此吸引,才能讓彼此喜歡,才會「情人眼裡出西施」。唯有生理的費洛蒙大量分泌,就會讓產生的愛意能持續。

一男一女能否在一起，決定性因素從來都不是學歷或財產，而是審美觀，這包括五感的眼緣(長相)、音緣(發聲)、體味、體緣(費洛蒙)、說話走路的樣子……這些非常本質性、生物性的、看不見的能量波動。你必須想要和對方在一起，願意有肉體接觸，進而願意願意性生活，才有可能一起生活數十年。若沒有這些鏈接與動力，彼此其實是看「不順眼」的，那再好的世俗條件也沒有用，再好的條件等於不存在，金山銀山如坐糞土，那時被一紙婚書綁在一起就等同坐牢。五感的審美觀，是男女在一起的、自然界給的、最無形的最大能量。一個人的長相，影響擇偶巨大，人間擇偶最神奇、最可愛的一點：就是男女的審美觀是最大的魔咒及密碼，而這些東西都不是學歷、房產、身高、星座能改變的，這東西就是「情人眼裡出西施」。審美觀還包括你們的穿著打扮、居家風格、床單色種、買房子車子的品味……它無形，但無所不在，決定你們在一起生活是否順眼、不礙眼。它統稱審美觀，具體的就是眼緣+音緣+體緣(費洛蒙)，是五官的吸引力，它才是男女關係開始的關鍵。長相都討厭的人，你不想和他手牽手，更別提上床了。和沒有審美吸引力的人相處，是酷刑；和你一見就想撲上去的人結婚，你們就能「床前吵，床尾和」，克服所有一路上的困難。

▌37 好消息:「情人眼裡出西施」、你(妳)一定會有一個符合你長相審美觀的人

美麗外觀,本來就是一種能量。所以,長得好的人當然較吃香。這是人的本性:愛看美、愛看自己順眼(自己心目中的美,且人人標準不一樣)的人事物。沒有人找對象時,目標是要找無鹽醜女或矮冬瓜的。按照顏值(有大眾標準,但也有個人主張)去選對象,是男人與女人血液中的本能,是無法改變的。事實上,統計已知,顏值高的人,在社會上找工作、升官、做生意甚至騙人都比較容易、漂亮英俊的人往往被認為較樂觀與誠實,這就是宇宙性的事實。但俊男美女就贏得一切?錯!好消息是:一眼就看上的眼緣,一見就產生費洛蒙的衝動,沒有國際標準。更神奇、更可愛的一點:你不必美麗英俊,只要你的「尊容」有一個人說不出理由的、不合常理地喜歡上,你們就搭配成偶。即使一個醜若無鹽,一個長相抱歉,都不再是問題。這就是上天創造的人間美好:眾生平等!總有一個人會喜歡上你,你的任務就是讓彼此相見,而不是坐著等「緣份」!因審美觀而一見鍾情,第一次見到就有眼緣,就產生費洛蒙的人,就有了「婚姻三昧」的第一昧元素:審美觀,好事就滿足了1/3了。

▌38 婚姻是「遇情才合,遇理必分」的一種組織:在婚姻裡不能講道理

網上有這麼一個段子：「兒子:爸,我要結婚了!」爸爸:「你先向我道歉。」兒子很困惑,問「為何要我道歉?」爸爸堅持:「先道歉。」……最後兒子屈服了:「好吧!爸爸我錯了。」爸爸回:「好了,你已經懂得怎麼與太太相處了,現在你可以結婚了。」哈哈哈,這就是男人喜歡的一種娛樂:強調女人的不講道理,總愛扮演在婚姻裡的受害者,這是一種男性特有的娛樂。這個段子它表面上好像在醜化女人,指出女人的不講道理。但它說的是對的,因為,女人懂得什麼是關係:不是講道理而是講情。請認清楚:婚姻,是「遇情才合,遇理必分」的一種組織,和公司商業政壇不同的。另一個真實故事:有個先生每天都在加班,太太生氣罵他:今天不加班,公司就會倒嗎？在自己疲憊不堪時被太太潑冷水的他沒有講道理,他面對別人的生氣,沒把辯論、沉默與忍耐當成唯一途徑,而是對太太說:「妳知道嗎,我在加班的時候,想妳是我唯一的安慰。」這句感情的話,讓太太立即轉怒為樂。 這個故事充份說明:女人要的是男人的寵愛或溺愛,透過這種不講理,女人要的是愛的表現而已。所以,沒弄懂這個精神的人,忙著講是非對錯,於是,越聰明的人,越講道理的婚姻壞得越快。殊不知,只講情的婚姻才是本份。婚後,別講是非對錯,才是保全之道。婚後,要靠五感的審美觀的吻合,才能不講道理,就是喜歡在一起地活下去。「價值觀及生活習慣」無關對錯,不能講道理。

▌39 擇偶其實是在選「個性」：價值觀及生活習慣

剛開始擇偶是在選條件，進入婚姻後就是在共處。共處時的針鋒
相對，不是學歷及房產。沒有人說離婚的原因是：「因為他（她）
學歷太低。」「因為我的丈夫太矮了，所以我一定要離婚。」
「因為房子太小間了。」……他們說的是「脾氣太壞、個性不
合、性生活不協調、太髒……」。若嫌對方學歷太低或太矮，當
初就不該選擇啊？婚姻這件事的關鍵：「有選擇要負責」。事前
的、世俗外顯的「條件」只能做參考，選配偶，只注重「面子」
而沒有看「裡子」通常無法成功。真正使婚姻美滿的是彼此的疼
愛、尊重、體貼、忠貞、甜言善語、合作家事、養家育子、奉養
老人……這些特質，而非學歷、身高……。一個真正長久的婚
姻，讓你傷心或幸福、寒心或溫暖的，肯定是尊重、愛情、忠貞
以及是否有責任感這些特質，而不是學位、省籍、身高、體重、
金錢。想想吧！不幸福、鬧離婚的人，不會說「條件不合」，而
是說「個性不合」。所以擇偶應該是選「個性」而非「條件」
啊？而我具體說明，所謂「個性不合」，就是我提倡的「婚姻三
昧」中的價值觀及生活習慣，這才是真正的「條件」。抽象的
「個性」背後就是「價值觀及生活習慣」，「價值觀及生活習
慣」就是「個性」呈現的具體表現。所以，擇偶要擇的其實是這
3個元素，而非世俗條件。

█ 40 真正的「條件」:「個性」→「婚姻三昧」 中的「價值觀及生活習慣」

有了「婚姻3昧」的第1昧元素:審美觀,好事才能開始。因為和一個你「不順眼」的人共同生活,我認為那是一種酷刑,形同無期徒刑坐活監。彼此看得順眼,有了吻合的審美觀之後,擇偶另外的必要元素,是什麼?是「無形的價值觀」及「有形的生活習慣」,而不是「條件說」的那些學歷、身高、財產…。世俗物質的條件會變的!有一個女星嫁新加坡商人,沒想到婚後是幫夫揹數十億債務;有錢人可能會破產,窮人可能會翻身;外貌協會?美女會變黃臉婆,白馬王子一定有一天成「白髮老頭」;雙方都可能發生天災人禍,有人生病出意外,這都會改變一個人的物質條件……這時候,再高的學歷、再高的身高也沒用。但人的一生,很難改變的是性格,而性格,就是「價值觀及生活習慣」。不了解婚姻的這個本質,當然就會選錯對象:了解婚姻的3件事,才會選好對象。精神上的價值觀若不合或不接受,你們會事事意見相左;現實生活中的習慣不合或不接受,你們會天天生活動線上大小事都看不順眼、時時有衝突。這樣的婚姻,就受罪了。價值觀及生活習慣的配合,這婚姻就是具備「功能」的婚姻。

▌41 「得到」沒有用，最重要的是：你「不要」什麼？

抉擇重於努力，而抉擇的關鍵，不是「要」而是「不要」，不是「得」而是「割捨」。擇偶學最重要、最重要的技術關鍵來了：你必須知道你「不要」什麼，甚於你「要」什麼！深層「門當戶對」：《婚姻3昧》是擇偶成功的關鍵！與此相關，最重要的是這件事：你「不要什麼」。由「婚姻3昧」：審美觀、價值觀及生活習慣逆推回來，那我們就很清楚擇偶的密碼了：不是看得到的「世俗條件」，而是潛藏在裡面，相見相處後要積極去確認的「真正的條件」：「你不要的是什麼」。你一定要弄清楚，你不能選不符合你的「審美觀、價值觀及生活習慣」的人，因為那些是你「不要」的東西！即使你選了你「世俗條件」相合的人，但會因為「3昧條件」的衝突，婚姻肯定不幸福，更可能非常痛苦。每個人都是有得到一些才結婚的，每一對新人，都是精挑細選之後才歡歡喜喜地結了婚的。大部分的人都是得到他所「想要」的，才會走入結婚禮堂的。可是結完婚，出了問題時才驚然發現，原來這婚姻當中竟有他（她）絕對「不要」的！雖然「得到」了很多、很豐富，卻也顯得不痛不癢了(因為已得到了)。離婚的人不是沒有「得到」，而是也得到了完全沒有辦法忍受的、根本不願意接受、無法妥協、絕對「不要」的東西。所以，一般擇偶人都忙著在「要」、「要」、「要」！「要」各種世俗條件……大家忙過了頭，需要有人提醒你一下。提醒什麼呢？提醒你：問自己「要」什麼，更要問真正「不要」什麼。

▋ 42 婚姻裡有「你不要的東西」會讓你活在窒息感中

想要的沒有，可以，因為你可以自己去創造。不想要的，不可以有，因為它們會讓你日子過不下去。當事人總覺得不滿意的、穿了會痛的「鞋」，售貨員說爛了嘴也沒有用。就像當事人覺得痛苦的婚姻，旁觀的人再怎麼勸也沒有用。因為，婚姻就跟鞋一樣，只有穿的人知道舒服不舒服，再漂亮再昂貴的鞋，若不合腳，忍一分鐘都痛苦。

有什麼禁忌？有什麼隱痛？有什麼不可侵犯的原則？我的建議：自己「要」什麼沒得到沒關係，「不要」什麼千萬別得到。千萬記得，要問問自己「絕對不要」什麼，免得將來後悔莫及。「要」什麼沒得到沒關係，因為「只要我願意沒什麼不可以」，但「不要」什麼是你無法將就的話，就會因此絕裂。太多人是在婚後「瞭解」了自己「不要」什麼，終於決定離婚，難怪會有「因誤解結合，因瞭解離婚」這句話的產生了。所以，找錯對象的原因，不是沒得到自己「要的」，而是不了解自己「不要」什麼所致。在婚姻裡「不要」的力量已大到寧願「終結婚姻」「選擇獨身」「淨身出戶」而在所不惜……太多走出婚姻的人說：自己嚇到了，寧可「寧缺勿濫」，寧可「妻離子散」、寧可付出巨大財產及贍養費……可見在婚姻裡「不要」的窒息感感有多大。婚姻裡有「你不要的東西」會讓你活在窒息感中，而人生最重要的就是呼吸。

▌43 創意效能擇偶：驗證「價值觀及生活習慣」

走出婚姻的人常這樣說：「真高興，我從此不必再受氣了。也不用每天去擔心他高興不高興、對我滿意不滿意。」「真高興，我從此不必再看到他我一看就有氣的壞習慣。」他們受苦的不是學歷不高，身高太矮，而是雙方都已有的許多習慣與定見讓他們受不了。這種無法相處的配偶，最後就是：各過各的「形式婚姻」。你有認識這樣的朋友嗎？用全世界最厲害的電腦，把求偶者的資料輸進去，讓電腦來配對不就好了，但電腦只能配出「看得到、講得出」的條件，介紹人說得出的是雙方的房產及身高，但看不到的是壞脾氣、怪習慣、家庭遺傳疾病及精神病症。如何創意效能擇偶？如何驗證「價值觀及生活習慣」，就是一門重要的功課了。

▌44 別再說結婚典禮沒有必要

結婚典禮有意義嗎？古代的大紅袍、鳳冠霞帔……現代的王子公主的白色婚紗城堡照……古人為了聘金而舉債，現代人為了結婚而標會借貸、及拼了命首付買婚房……熱鬧一場後，褪下禮服後，還回婚紗服後，就要開計算收益成本及還錢。天真的人不知道婚姻是什麼，只盼著結婚當天有浪漫豪華的場面， 這是一種放大了的、芭比娃娃式的「扮家家酒」。結婚當然不是為了婚禮與婚紗照，結婚不是為了去除寂寞，當然也不是熱鬧一場就圓滿

了，那麼，結婚典禮有意義嗎？當然有！結婚證書有意義嗎？當然有！結婚典禮，是人類社會非常有意義的儀式及場合。想想看，為什麼喜帖一發，親朋好友，舊雨新知都會花錢又花時間地來「捧場觀禮」「繳錢吃飯」？當然，人緣好的人，前來的親友都是為了祝福。就算人緣其實不怎麼好的人，碰上大喜之日，一般親友還是會賣面子來撐你的場面，為什麼？因為，這是展現雙方及家族社交圈及人緣的競技場。

▍45 結婚典禮就是一場「成人禮」

尤其在自主婚姻的時代裡，能靠自己的本領找到一個願與你廝守一生，成立小家庭的人，這就是一種本領與吸引力、一種自立能力與獨立主張的證明，人生會好奇你和誰結婚了。無論如何，有一個伯樂看上了你，願與你情有獨鍾組織家庭，這在自由選擇的時代裡，是一種負責任、有能力的現象。當年把你看扁了的那批同學親友會好奇地來看看：是什麼樣的人會看上你(妳)？當年看不上眼的你，莫非也是個寶？曾經看上你但與你無緣的人，也會要來看看你修成的「正果」。親友會觀察你的飯店是那一家？訂餐價位如何？席開多少桌？請了什麼有身份的人來當證婚人？男女方的公司老闆有沒有出席祝福？雙方家屬的身份打扮如何？有沒有高官鉅富級的貴賓蒞臨？……這些都是評價你的婚事行情的指標，也是重新評估你社會身價的線索。像我這麼細心的人也會特地研究研究，新娘的禮服設計是高腰還是中腰的(看看腰圍，就

知道是不是因為「先上車後補票」、為了「早生貴子」而辦的婚禮）。「結婚」需要在昏頭後(或肚子大了後)的願負責、願選擇，這都是勇氣及責任的證明；而決定辦「婚禮」，而不是法院公證就算了，也是雙方親友團隊合作、真刀真槍接觸戰、財力展現的誠意試金石。結婚典禮及結婚證書的重大意義：公告親友關係的確認，也是向自己宣誓：我們是認真的，結婚證書上蓋了章：承諾要廝守一生，不做他想了。結婚典禮及結婚證書是有重大意義的。

▌46 別再說「結婚證書」不代表什麼

意志是堅強的，但肉體是脆弱的。喜新厭舊，是人的天性。愛美不愛衰老，也是人性。歲月的腳步裡，雙方都會有所改變及增長，難免有二心、有外部心動的時候，若是沒有婚約，拆夥可以在一夕間。但有了一紙婚約，想到當時的初心，還真的要靠這一紙來協助人收心止念。「結婚證書」代表的是堅定的承諾與決心：對方就是最好的了！沒有明說的是：即使有更好的對象出現，也不再選擇了。且我保證，未來一定有更好的對象會出現的。這時候，還真的要靠這一紙來杜絕任性、防止衝動、搶救或鞏固關係。從一開始就表明「不結婚」只要在一起的人，就是個同居的人，就不是「以結婚為目標」的人的目標。天長地久，9981難，72變的社會及人心，相信我，一紙「結婚證書」代表了很多，也有很大的力量。即使感情不再，有這麼一張紙，至少讓人要負責，而不會是使你(妳)感情受傷外，還人財兩空。「結

婚證書」保障不了你們雙方的幸福，但它能幫你們冷靜，爭取死灰復燃的機會，也能在愛與性都沒望時，至少保障身份及財產，畢竟雙方都有了時間及精神上的付出，畢竟愛的結晶需要養育資金。「公開婚禮」和「結婚證書」是非常有意義、有功能的。當然，你可能結完婚的第2個月、第2年、第20年後發現了更好的更合得來的對象，但，婚姻的誓言，會幫助你不再心動，不再花時間在改變上。因為，若因有更好的對象出現就要改變的話，我們的一生可能會離婚很多次。這不環保，這不必要。婚禮誓言，是有其功能的。

47 肯定婚姻制度：家庭是值得我們選擇的必要

聽我分析：婚姻無罪，是沒有「擇偶&婚姻教育」讓婚姻制度揹黑鍋！它不完美，但它是必須，若沒有婚姻，在自由及自我性格時代裡，社會會亂，血脈及制度的傳承會失據。

雖然我自己經歷原本很幸福、但因丈夫的經濟因素最終一段被迫不和諧的婚姻(但我們依然白頭偕老哦)，但我卻是個鼓勵大家結婚、成為擁抱婚姻與家庭的熱情傳教士。我為什麼這樣用心良苦？因為只想告訴大家：婚姻和家庭是重要及必要的。當前，你沒結婚不是你的本意，你目前的單身是諸多重大原因造成的。關鍵的是：要在對的時段做對的事，別在太晚的時間才來後悔，或再辛苦地做本來早該做的事。建議：重視、正視擇偶及婚姻大事，然後以實際的態度來處理好婚姻，婚姻值得我們選擇。我要

大聲地說，即使是怨偶，婚姻仍會是你的人生助力及生命意義。即使婚姻不完美，但只要能預防災難，婚姻肯定是人類幸福的來源之一。我肯定婚姻制度，建議不要單身，我知這樣說會得罪人，但我還是要說：無論多麼辛苦，不修婚姻(結婚生子)這門功課，實在太可惜，等於白來人間一趟。在世事變化、產業消長、人情浮動、故鄉消失得超速的時代裡，更需要有一個固定的家庭、忠貞的伴侶做為定海神針，不然就會讓人生沒有定點與定位。

▎48 預防因「愛的空洞」而發生的多種性格特徵

前面提到「單身主張(孤單主義)」並不代表不需要或沒有兩性關係，只是把能量轉移到其它的地方，不停地追愛情劇，投入各種嗜好寄託，整天開著電視或滑著手機，不斷地建群對話，一有機會就不停地說話……這都是渴望人際關係的具體行動。缺鈣補鈣，缺愛補愛。愛與性的需求不被滿足的話，能量一定要找出路、人的本能會自救，會發展出多種性格特徵，這些性格特徵表面上看是個性，其實都是長期的「愛欲匱乏」，內在巨大的空洞造成的身心症特徵：

1/ 孤單主義者：獨行俠，單身主義、孤獨、孤僻、自私、自利
2/強迫上癮症：工作狂、讀書狂、事業狂、偏執狂，嗜煙酒毒、拜金囤貨、收藏癖、整型狂、花癡、買包狂、追星迷&潔癖
3/領導者：英雄，社團負責人

4/ 暴君：壞脾氣、攻擊者、領導欲、表現欲、各種暴力行為

5/社交甘草：小可愛、萬人迷：討好、取悅、開心果、善解人意

6/慈善家：宗教家：志工、公益、犧牲者、大地之母、阿信、

7/慮病症：求醫、看病、吃藥、憂鬱症

8/迷信：求神問卜、

9/夢遊者：躺平族、追隨者、受騙者

⋯⋯

「求不得苦」，「苦在心裡口難開」，求愛與性的能量無處去，只能被轉到別的地方去，於是就轉移成別的角色。若不正視真正的匱乏何在，就讓人更遠離婚姻。以上這些「性格」無關好壞，都不過是在用自己的方法「刷」「存在感」！渺小的一個在世人生，本來就要依存外界找到定位及存在感。「親密關係」本來就是自我認同的方式，「愛」本來就是最天然的解方，有愛的滿足的人，不會張牙舞爪，不會有誇張的宏圖大志，不會有《愛的匱乏》。看懂了，再奇怪誇張的言行性格，都源自補償填補內在的空洞。人人想要的是穩定、持續、前後一致、合理的的愛(關係)，讓人體驗到安全感，接著延伸出對世界的信任。感受到自我價值，以及對未來的可控制感，也就是安穩的存在感，這是非常美好的。就因為是人，就是對愛會有期待，但因為不安與恐懼，於是，就玩出了以上這些性格花招及障眼法。活在社會支持系統，感情系統，也就是各種的「愛」的環境中時，你不會成為一個怪脾氣、暴脾氣、無脾氣的人。真正的滿足是肉體需要的，是靈魂的，唯有符合你的喜愛的「人」及「事」才能滿足你。

「物」的滿足是假的，空的，暫時的。缺鈣補鈣，缺愛補愛，沒有替代品的。有《愛的匱乏》就是有空洞，活著就是有時間，為何不直接解決，直接滿足愛呢？

▌49 「有選擇要負責」：別想婚後改變他(她)

最後提醒：「有選擇要負責」、別想婚後改變他(她)，婚姻不是教室，沒人想和「教師」「教官」上床。做了選擇後，就要「有選擇要負責」。婚姻這件事的關鍵：「有選擇要負責」，你就得接受一切，別妄想，別浪費時間去改變他。「訂做」一個理想對象，是不實際的想法；同樣的，也別抱有在婚後可以慢慢去「改變」一個欠理想的對象，把它變成完美的白馬王子或白雪公主的想法。多少婚姻都是因為有結了婚就搖身一變，變成急著改變對方的教官、法官……而造成問題，而這都是「天龍八部看婚姻」的主題。但是，早縫一針少縫十針、預防重於治療，與其婚後整治對方，不如婚前找個速配的對象。理想對象、與改造對象，都是可笑而不實際的觀念。婚前不要怕，婚後不要悔！你一定做得到，只要婚前研究「七挑八選擇偶學」、婚後演練「功能婚姻秘笈」吧。

第5課

請你們結婚吧

婚姻是自我實現、

拼圖追求幸福的偉大行動

▌1 結婚的100個理由

「你要結婚嗎？」「你要結婚嗎？」……這是一家婚紗禮服公司
做的廣告詞。它的音量誇大，每次聽到，都覺得真好笑，因為他
真正想說的是：「你想要拍結婚照嗎？要拍的話就找我們！」接
著又看到「讓我們結婚吧！」這是婚禮喜餅公司的電視廣告，畫
面上是一男一女充滿幸福的表情，看了了真是讓人產生結婚的欲
望。但要等一對男女上門拍婚紗照及買喜餅，可不容易！因為，
誰不想要結婚？但不是「想結婚」就可以結婚的。多少想結婚的
人無法馬上結成婚，何況還有這麼多不想結婚、怕結婚、懶得結
婚、沒時間找對象、沒時間談戀愛、沒有時間辦婚禮、一直在研
究婚姻、排斥婚姻、批判婚姻……的人，婚紗公司及喜餅公司只
能「等待」了。鼓勵各位英雄美人及時、適時走入婚姻，然後用
「功能婚姻」系統來維持婚姻。很多人問我：「你為什麼在婚姻
制度受到懷疑的時代裡來提倡婚姻？」我是一個提倡婚姻的教
主，但我並不是因為對婚姻制度樂觀而鼓勵婚姻，是由悲觀及客
觀看透人生而鼓勵大家的。我不保證你婚姻幸福，但認為婚姻的
困難總比別的災難容易解決。我自己就沒有完美的婚姻，但我認
為人生一世值得進入婚姻，還有，我提得出「擇偶學」及「婚姻
求生術」，所以能提倡婚姻。

▌2 婚姻擁有眾所周知的諸多好處

結婚的理由很多，我們可以說出100個：想找一個愛人！性的吸引渴望！難忍孤獨寂寞！想生下一代成為父母！為了家族必須傳宗接代！需要得到生理及心理的滿足！年紀到了！為結婚而結婚！父母的期望！社會的壓力及眼光！反抗父母！逃離原生家庭！肚子大了！對方逼婚！談戀愛已很久了，不結不行或不好意思！想增加人生體驗！算命先生說的……對！乾脆說，你是要為了孝順父母、「為宇宙創造繼起的生命、為國家社會舉才」好了！以上是左腦的結婚的理由，說穿了，結婚的右腦的、原始的動機，不過是人性的天然自然需求：要找個人來一起上床、吃飯、睡覺、生小孩罷了，同意嗎？

婚姻帶給你哪些好處？太多了！

婚姻使你快樂——只要你不要把它弄成不快樂。

婚姻使你健康——婚姻生活陰陽調和彼此拼圖帶來身心健康。

婚姻使你長壽——科學研究有老伴的人最健康最長壽。。

婚姻使你有成就——讓你生活穩定無後顧之憂。

婚姻使你有安心——只有家人才會對你無條件接受。

婚姻使你對家庭有交待——傳宗接代讓長輩安心開心。

婚姻使你成熟——正所謂「修行到家」，因為婚姻是個多面相的功課，它逼你快速成長。

為了說服你們結婚，我還有以下幾個你們沒有想到的巨大理由：

婚姻使你幸福——生兒育女是人生最大樂事。

婚姻使你富有——一起賺錢總比一個人單打獨鬥來得容易致富。…… 以上就是在網路上隨處可見的「罐頭語錄、心靈雞湯」，聽起來很肯定婚姻，但沒有什麼說服力……因此，我努力提出以下幾個理由，想要說服大家去結婚！

▌3 請為了地球、資源環保去結婚吧！

以上傳統的結婚理由有很多，但真正最偉大原因是：婚姻制度不只是個人小我的情感問題，而是人類大我的資源環保問題。當前，單身主義及個體戶當道，就增加了消費，是的，當資源充裕、消費主義蓋過環保概念時，「個人主義」就被鼓勵而快速流行了。現代人在無形中被鼓勵單身，獨居者多了後，誰受益？有很多人！生產小家電的公司、蓋小套房房子的建商就樂了。如果每一個人都要一間房子、都需要整套的衛浴設備、全套的瓦斯爐、微波爐、冰箱、冷氣……床、椅……，廠商就增加銷路了。但我們已預知：石油很快就要用完了，就算用綠能也無法供應全部所需。目前，人類的浪費、濫伐、濫用、速食、消費習性已帶來了全球暖化、大氣臭氧層破洞擴大、土地河川海洋的嚴重污染，當海裡的魚沒了，樹林裡的蜂沒了時，科學家已告訴我們，大量因應個人生活的一次性用品大量生產及使用，讓我們的海洋、南北極已充斥了微粒塑膠。我不是預言家，我也能預測終結人類的應該就是浪費資源、製造問題的人類……不能否認這些資

源及環保危機正在發生，所以我們不該鼓勵個體戶的消費，要提倡節約能源的「家庭制度」。

當前，已有許多人的三餐全靠出外吃飯或叫外賣，肥了餐飲業，但少了家庭數。想想，古時候為什麼大家庭？因為資源有限，就不得不群居在一起減少生活成本，因為30個人吃飯用一個灶一個火，比較省資源；但2個人、1個人也是要用一個灶一個火。一起開伙，節省人力與火力。即使現在有許多人結婚後並不開伙，2個人外食點菜共享還是較省。到了現代，偏偏技術發達、家電用品普遍，就是因為有了這些設備，才讓小家庭及獨居成為趨勢。

獨居的人越來越多，大家越來越適應，越失去找個伴、成立一個大家庭來分工、來共用資源的動機及需求了。

時下的口號：「共享」，根本就不是新東西，古代人就是靠「共享」成家族來存活的，是都市及設備幫助了獨享與獨居(其實也是獨享與獨居的需求造就了都市及設備的發達)。如果沒有這麼多能源、資源、家電設備、服務業帶來的方便，恐怕，不管婆媳問題再嚴重，三代同堂的人際關係有多複雜，我們都還會被迫要維持大家庭制度呢。如果資源短缺，到時候，誰還會講什麼隱私，什麼個人專用冷氣、小套房？因為資源問題及孤獨老人快速增加，有可能，有一天我們不但要提倡「家庭制度」、還可能要回到古代、來提倡「大家庭制度」呢！每個人都是一項資源，缺鈣補

鈣，缺愛補愛，每個人都有愛，都想被愛，都是現成的，不用就是浪費資源、暴殄天物。找愛與性的替代品，都要花錢花時間，何不找真實活體？人盡其用，就是環保行為。

4 傳宗接代是大事：不要「生不如死」

請為增加新生人口結婚吧！新聞說：連幾年「生不如死」！嚇我一大跳，再看下去，才知是指：新生兒連續創歷史新低，讓死亡人口超過新生兒的人數。行政院內政部於10日公布2021年全台人口統計數據，去年台灣總人口數為2300萬人，較前年減少18.5萬人，台灣人口數連續兩年呈負成長。2021年全年新生兒數15萬人，與2020年比較，全年減少1萬多名新生兒，為歷史新低。且每個月出生數皆低於死亡數，新婚1萬多對，粗結婚率與新生兒數同創歷史新低。如果該結婚的再不結婚，我們面對人口老化、新生不如死亡……這都是不利於社會國家的發展的！不結婚，不生小孩，人類的人口如何平衡，如何達到社會的安定？

5 請為了不讓人類滅種請去結婚吧！

我們一定要結婚！除非你有難言之隱或具體的障礙。恐龍為什麼從地球上消失？沒有標準答案。人類未來是否也會從地球上消失？如果會，有一個原因我想就是人類彼此不再相愛，不生下一代而滅種。不相愛的人會不想、不願結婚；或是不想、不願、甚

至是不能生小孩(環境污染?基因突變?)。如果上述這種事會發生,幾十年後,人類就會自然滅種,對!不必彗星撞地球,不必核能爆炸,不必塑膠滅絕海洋生物,人類會自己先終結自己。同時,不相愛的群眾就會發動毀滅性的戰爭,就會研發武器及技術去殲滅別人,可怕吧?沒有愛的人、不提倡愛的世界,是可怕的。所以,結婚是了不起的生物抉擇(因為婚姻確實不容易),更是攸關人類前途的眾人大事。只要大家仍前仆後繼地打不走、勸不退地不怕進入所謂的愛情墳墓婚姻、去生小孩……我們就可放心,人類還會在地球上繼續繁衍!鼓勵大家結婚,人生在世,不過短短幾十個寒暑,早期忙著讀書、中期進入社會打拼、晚年遲暮等待死亡,有多少日子可以享受人生、奔放激盪?怎可人生只有學習與工作而沒有情感與情慾的滿足?與其沒揮棒就被三振,沒開花就凋謝,不如勇於接受感情的交集考驗,走一趟實在的人生路,以免白來一趟,虛度此生!至少,你來過一次!活過一生!結過一次(當然,最好不要多於一次)!所以,去結婚吧!——至少,去戀愛!去失戀!這都是該做的人生大事。不結婚?下一代要如何產生?傳宗接代是非常實際的婚姻目的,是眾人期待祝福的結果。如何在穩定的家庭環境中培育?人類的文化要如何傳承?人類不滅種,靠人類繼續結婚生子。我知道這一段會招來一些衝擊,比如,現在社會風氣開放,已有許多同性伴侶,人們結婚的理由並非繁衍子嗣。但我看到的是,還是有同性婚姻的配偶用各種方式、非常努力地想有兒女。我認為,婚姻就是人類延續種族的載體。

▍6 請為了社會安定&世界和平去結婚吧：愛天下之前先愛自己、愛家！

人是群居動物，人性，是渴望、也適合找個伴來牽手走人生的。為什麼我們應該這麼肯定？很簡單！如果人類連這種只要兩個人的付出，最簡單、願意你好我也好、最有勝算、世界上最小單位的合作組織都要排斥，請問，人類還有什麼前途？一男一女本來應該是最簡單、人類最有勝算的一組人際關係。容我直言：婚姻是人類合作的最小單位，最小單位都不能合作，談什麼「世界和平」？大場面上，大家都在談「要世界和平、不要戰爭」，但與此同時，小環境裡，我們看到的是離婚率節節升高。前瞻人類的未來，如果我們連最小的合作單位：僅有兩個人的家庭組織都沒辦法、沒有能力顧好，那麼，全人類的前途及後代，豈不是堪憂嗎？婚姻就是由「個人」進入「群體」的演練場。但找對象、生兒育女都有生理年齡，不結婚或結錯婚，社會都要付代價：不婚的人太多最後是國家得幫你養老，離婚糾紛太多造成社會動亂、讓下一代及兩家人都受害。在當代，不管男女，積極而主動地為自己找到合適的對象，是一項莊嚴的權利及義務，是為國家社會做貢獻。不要成為外人、政府的負擔，擇偶，是為了社會安定&世界和平。

▌7 愛天下卻不愛家：真正的公益是成家者

小兩口本是小事；但資源環保是大事。在家做飯，減少不必要的出外吃飯或叫外賣，就能減少許多餐盒包裝袋的消耗。1公噸的知識、不如1公克的實踐。我看過許多學者、企業家、管理大師、教育工作者，平日都高談闊論合作、團隊、整合、併購……等等大道理，但如果自己的私生活卻是完全不能與人合作的話，豈不是自我矛盾？合作，永遠是人類求生存的最高指導原則！合作由何處開始？由「結婚」開始，由2個人的組合開始！愛天下之前，請先愛自己、愛家！若連自己都不愛自己、不愛家，卻說「愛社會」「愛別人」？這有點奇怪？我認為，若人人非常愛家，就捨不得家人上戰場，就不會開槍打死別人所愛的家人；若人人有家，就會忙著顧家而不會往外發展到去掠奪別人、別的國家。婚姻、家庭的成敗，是人類是否能「合作」的指標。要世界和平？由大家結婚愛家開始。

人人愛家，就捨不得家人上戰場；若人人有家，就會忙著顧家而不會往外發展到去掠奪別人、別的國家。婚姻、家庭的成敗，是人類是否能「合作」的指標。如果人類連另一個人類都無法相愛相處，還談什麼族群、宗教情懷？國際合作？拯救全人類？愛護地球？所以婚姻是偉大的、神聖的、高瞻遠矚的行動，為了救地球，救和平，救環保，請結婚吧！環保人士、人權鬥士、和平主義者都會非常感謝你們！如果你會捐款幫助北極熊、流浪貓狗，請先「捐助」你自己，為你自己去結個婚吧。

▎8 請為了合作去結婚吧：1個人快樂只是快樂，2個人快樂才是幸福。

讓我們結婚吧！因為，除了「資源環保」「世界和平」這麼偉大的理由之外，還得有其他更有說服力的理由：婚姻裡，有合作與奮鬥。其實，我並不反對有人決定單身。單身者沒有家庭、小孩的負擔，因而能有長足發展，比如在政治、科學、醫學或藝術上能創造出對人類的貢獻，那就很好。但，我看到的不婚族，放棄婚姻而成就有益眾生的大事業的，有！就以證嚴法師為例，但，其他的呢？就我所看到的，大部分沒有結婚的也是這樣過了一生。讓我把話說得更清楚些，以免得罪人。我的意思是，終究有成就的人不會因有婚姻就失敗；而不會、不想、沒有成就的人，就算不結婚，結果也是一樣。單身和成家都可以成就有意義的人生，兩者差別只在是否與另一個人共度人生。大部份的人婚姻都只有7全8美，也能就這樣過一生，除了處理得太糟的以外，大部份的婚姻人也能活了下來。但是，有結婚的人，對人生、人性的學習，肯定是深入得多。選擇單身，你一樣要為生活奮鬥，張羅生活的一切，但有可能在晚年再來後悔，或被視為「單身公害」或成為別人或政府的負擔。我鼓勵結婚，不全是為了人人都要面對的「養老」問題，因為時下，已不可指望老伴或兒女。過去是養兒防老，現在可能是養老防兒。但表面沒伴侶的個人生活可能很穩定，但也能為了解決需求而有不健康、不確定、變化多的不穩定關係。結婚或不結婚，有人有成就也有人沒成就，兩種

人都一樣要做人生功課，一樣要在社會打拼努力。若選擇一個伴侶，就是有一個一起為人生奮鬥的同伴，多好？合作致勝，總強過一個人奮鬥。若成功了也沒人來分擔分享，那多沒意思？若結了婚，至少有新收穫與新學習：與人合作得到快樂。也許代價相當痛苦。但只要你做好各種準備，人生來這麼一遭，不結婚，太可惜了。結了婚，我們就可以和自己喜歡的人，在一起吃飯、睡覺、上床、生小孩！可以分享心情、分工合作……一起賺錢買房子。哇！這真是人生最大的快樂與美夢成真！結了婚，就可以和愛人一起做愛做的事！自己快樂，父母高興又等著抱孫子，真是大家樂成一團。和同學、同事、朋友、親戚、客戶、老闆、老師……在一起都會快樂，但和一個異性在一起的快樂就是不一樣。

你對一個客戶笑半小時你臉會痛，和愛人笑一天都不會累！人間最快樂的就是和愛人在一起，別的關係都無法取代與替代。馬爾克斯說：「孤獨前可能是迷茫，孤獨後就是成長」，讓我們一起成長吧。但我認為，我們人生在世，何必那麼重視「成長」，「快樂幸福才重要」！1個人快樂只是快樂，2個人快樂才是幸福。婚姻是人生最大的一堂「合作」的課，人生一趟，入寶山而空回，太可惜了。一直在猶豫或害怕的朋友，考慮結婚吧！

▌ 9 婚姻典禮是證明你成熟變成大人的里程碑，

這一天，花大把的金錢、裝置許多鮮花彩帶，營造一個富貴幸福的畫面。即使你的婚姻是隨隨便便、糊裡糊塗、連哄帶騙，或是將錯就錯、半推半就而成、或是奉子成婚的，在否定婚姻的趨勢愈來愈明顯，大家都明白甚至害怕成立一個家庭、擔心要因此付出很多的今天，哇！你能、你敢、你願辦一個結婚典禮，就是一種肯付出、敢承擔、有勇氣的證明。為什麼鼓勵大家去結婚？去婚禮？因為這是快速成長的機會。辦一個婚禮，可能是你人生中第一次辦自己負責、張羅大事的活動。

在這之前，你是個不必面對全家族的晚輩，現在，你要招呼雙方的全家族、要擔當做個主人。

辦一個結婚典禮，真的不簡單。要聯絡親友，要雙方家長協調擔任主婚人，要訂飯店、要請重要人士做證婚人及介紹人、要化?拍婚紗照(減肥整容)、要佈置會場、要整理名單發喜帖、要準備禮服、要彩排、甚至還要完成送聘金送嫁妝的禮俗……現代婚禮講究浪漫，還要演練唱情歌，甚至要練習從空中坐升降機來個仙女從天而降、撒紅包。你不可再任性，不可縱容自己的個性，你終於要學習控制預算、排坐席、招待親友、強顏歡笑(因為籌備婚事讓你體力、財力都透支及接待你很討厭的親友)，你勢必要改變社交態度及姿態。新人在人生中，第一次期待親友來買帳(沒有親友捧場怎麼辦婚禮？)、你要做財務規劃(萬事無錢莫辦)的挑戰、你會承認你的社會資源還是要靠父母(由買婚房的支持到辦酒席的

邀約)。也就是說，辦個婚禮，是一件證明你能力、助你快速成熟的里程碑。

我知道一定有人會說：「不是我要辦，是雙方大人堅持的。」對，這不就是證明你有實力雄厚的「後台」「親友團」要挺你、要幫你擺排場嗎。雖然你嘴上說是「被迫」的，但你也配合「演出」了，這不就是你成熟了、長大了、懂事了的證明嗎？難怪，很多人在「成家」之後，就被期望「立業」，因為行情看漲了啊！因為「小孩子」已經變「大人」了！以後，看不起你的別人想要欺負你，就要想想你的另一半及姻親，多少也會多點顧忌。若你嫁得好、娶得好，就會有親友改變對你的評價而開始攀關係。

婚姻會?生一種社交效應：一加一大於一的化學作用。懂得善用婚姻來為自己加分的人，收穫是很大的。一張喜帖，就會使你在一般人心目中加重份量。結婚，是諸多能力的證明。結婚與辦婚禮，都是非常有意義、很了不起的事，它是你們快速成長的一個工程、一個門檻。

▌10 婚姻「有可能」會解決寂寞

有此一說：「結婚不是為了去除寂寞。」但我認為，這句話不對，但也不全錯。我認為該這麼說：「結婚當然是為了去除寂寞」，但不幸的是「結婚未必能解決心理上的寂寞問題」，但確

實能解決「生理上、物質上陪伴的需求」。心靈上要能彼此去除寂寞若不可得，但「陪伴能得到安全感與存在感」也不錯了，這就是我的「功能婚姻」的主張。能在婚姻裡達到「去除寂寞」的目的，我恭喜你。但如果沒有得到，而且適得其反，你也不要訝異。你一定聽過有人在婚姻中感到寂寞、在婚姻中更沒安全感，也就是

「2個人的孤單感，比一個人的寂寞更可怕」。去除寂寞本來就是去結婚的原因之一，但不保證會如願。我的提醒是：要去除寂寞，要得到安全感，是不管你要不要、有沒有結婚，都是你一生中必須做的功課！去結婚可能會解決寂寞，若沒有解決寂寞，也沒關係，你有許多其它的管道來解決寂寞，方法非常多，不該拿經不起太多功能挑戰的婚姻來負全責。好事壞事都要有一個人分享，不然，即使你成了億萬富翁，你身邊只有想由你身上得到金錢的人群。若成功了也沒人來分擔分享，那多沒意思？沒有感情，沒有愛的人生，是孤絕的，是孤單的，是寂寞的。

一個個孤單的人，結伴搭伙過日子，把資源整合起來，即使感情不怎麼樣，也勝過自己一個人孤獨過完一生來得好。婚姻有可能會解決寂寞，也可能更寂寞，但只要它有可能會解決寂寞，就值得一試。

11 認識婚姻的《三條橋(互助→合作→湊合橋)》真相

別妄想有一個與你三觀一致的與你結婚。婚姻的真相是什麼？我來說說我的「3位老師」吧：我愛泡溫泉，過去十多年裡，常去泡新北市三峽的大板根溫泉。不開車的我通常是在三峽坐807公車上山。一路上彎來彎去至少要過10多條橋，大部份的橋名字我都記不住，只有其中3條橋我就記住了，因為它們太有啟發了，它們是我的老師。第1條橋叫《互助橋》，第2條橋叫《合作橋》！這不就是人生嗎？先是彼此有需要，就互取所需一下，互助一下；覺得不錯了，就來合作吧，合開一家公司，一起做朋友，結個婚吧……真正的大老師是第3條橋：一路上最大的橋，也是唯一讓我到達溫泉會館的跨河的橋：《湊合橋》。即，人生在世，人與人之間，最終都是「湊合湊合」的，沒有完美的啦！具備這樣心理準備後，你，就可以結婚了！願意「湊合、將就」，每個婚姻就完美了。通過這條橋，走進婚姻，你會發現它是個需要你持續澆灌的玫瑰花園，但要培育玫瑰就會有被刺的可能。

12 「打開3扇北窗：「欲吹南風，先開北窗」：《功能婚姻》

認清婚姻的目的與功能，等待南風的人，請先打北窗吧。《7挑8選擇偶學》就是擇偶者的北窗，小小的一扇窗，大大的空氣對

流。這本書，一點也不浪漫，也不安撫你的心情，本書只講最真實的一面，目的是要解決當前的單身問題，想幫大家在適婚年齡掌握婚姻的契機。

北窗1：別追求真善美。「真」是必要的，善與美，就再說吧。由「3昧」而結合的婚姻一定會圓滿，因為它們會因「功能」的滿足而有內聚力。

2/ 我們不必瞭解異性，只要接受性別的文化差異而滿足對方，或至少不阻擾對方的生心理習性，婚姻生活就過得下去了。

3/ 接受：「因為瞭解所以慈悲」的境界太高，有智慧才能喜悅，而兩性關係需要的只是「接受」。了解婚姻的真相，接受婚姻的必要，為自己的人生找個「功能互補或共享」的對象。請接受對象的不完美，因為，你自己也不完美。

4/婚前不要怕，婚後不要悔：婚姻只是7全8美，沒有所謂「全盤勝利」或「全面失敗」。以滿足「功能」為前提找對象，婚前不要怕，婚後不要悔，就好了。

第6課

《結論》擁有一個「溫暖你的心

和床的人」：

即使只是7全8美的「婚姻&家庭」

也是多變世事中的「定海神針」

為什麼人人追求名利房子？其實都是在追求存在感，追定在宇宙中的一個「定位」，追求「自己想過的生活」而已！群居本來就是動物(人類)想過的生活，但群居分家裡和家外，原生家庭、同事、客戶、員工、好友閨蜜、長輩都有他們自己的生活，再好的知己也要約時間約地點才見面，在餐廳或手機上傾訴之後，最後你還是要回到你自己的床上，你自己的家庭。夜深人靜後，你在哪裡？你的床在哪兒？哪裡有你的存在感嗎？最後，你會明白，一個有人在等你回去的地方：「家」是最終人生有存在感的「定海神針」。我曾輝煌過，著作100多本書，曾和安東尼羅賓同台於奔馳中心萬人會場、近5千場演講，讀者粉絲無數、鮮花掌聲紅地毯是常態，但，最終，在疫期警戒期中，我覺悟，這些人與事都與我無關，人生最終最重要的是一個永遠陪伴你的、「溫暖你的床的人」。人生在世，一定要有「不必約也知道對方會在」的人，那就是「家人」。再大再美的豪宅只不過是House，A House is not A Home，要有個人、有幾個人在哪兒等你回去的地方才是「家」。至於家人的感情好不好，其實沒那麼重要，也可以從長計議、謀求改善的。世事已變得越快越詭異了，你經常失去工作、發財機會、客戶改朝換代；你可能每幾年就換一個城市生活；結果，沒有誰跟你有固定持續的關係，你是一個自由、但也孤獨的存在。在世事變化，產業消長、人情浮動超速的時代裡，更需要有一個固定的家庭、忠貞的伴侶做為定海神針，不然就會讓人生沒有定點與定位。社會上有許多服務業滿足你的生心理需求，但都是要花錢的、都是不固定的、都是現實的、都是

消費形態的，難道你喜歡這樣靠「萍水相逢」過一生？人生沒有最好的決定，只有在你作決定後，做到最好，但結果一定也不會是很好，但你的人生其它的事也多半7全8美(比如你的長相、工作、家人…)而已，你願意接受不完美就好。我鼓勵結婚，是認為人生路必定辛苦，但有個伴總比單打獨鬥，喜憂沒人知沒人分擔來得好。即，過程中的共存感是有價值的，即使最後的結果不太好。我喜歡隔壁老樊 的歌：《多想在平庸的生活擁抱你》：我跌跌撞撞奔向你、你也不能一個人離去、我們在一起說過、無論如何一起經歷了風雨、平平淡淡安安靜靜的老去、世界上有很多的東西、你生不帶來死不帶去、我們拚命的相擁不給孤獨留餘地……。我認為，每個人都一定要有一個「定海神針」：家！「家」可以照顧一個人到死，靠外勞及政府你只會得到照顧但不會有安慰及滿足。家，一個溫暖你的心與床的人！一個實實在在的「存在感」「定海神針」！

《後記感言》3個夢想的實現

我原本已是個歸隱的人，封筆封麥已近10年，但因為具足的機緣，2021年決定重現江湖，要把我的《幸福工程》全集課程化、網路化，首先完成的就是《7挑8選》系列。這套書早就完成於20多年前，塵封於實體書裡的知識系統，真沒想到現在要重新整理成課程及網課《智能擇偶》。為什麼會有這個決定？因為，我在丈夫心臟病過世後獨身10多年，在2020年covid19的疫情裡，

徹悟到：鮮花掌聲紅地毯都是明日黃花，名利也皆是空，唯有死前能自由呼吸的健康及幸福才是真。所謂幸福，我認為還包括一個在隔離時能與你共度難關的伴侶，也就是一個與你共同生活、「溫暖你的心與床的人」，而非電視節目、傭人、看護、外傭、移工或寵物。因此2020年決定要找一個共度餘生的老伴後，每天都許願「陳艾妮的《3個人生終極目標》」

目標1、和自己喜歡的人在一起共度餘生與快樂旅行。

目標2、找到我喜歡的養老畫室，做自己愛做的事(寫書、演講、畫畫、公益…)，

讓我不去住養老院而是生活自理、天天工作及對社會貢獻到最後生命

一秒鐘，最後高壽無疾而終(我花了8年，看了50幾間房子，旅居上海時，

由蘇州、杭州、福州、廈門、深圳、海口到三亞；回台後由三峽、鶯歌、林口、桃園、林口、新店到烏來……終於找到了老屋翻新、在淡水的夢幻養老畫室【海角19號】)。

目標3、在離開世界前，修練成一個好脾氣的人(這件事我有做到90%，繼續中)。……

我的3個夢想已實現了第2個和第3個，已讓我如願過著我想過的生活，但3缺1。為了實現剩下的第1個夢想，我積極進入擇偶的

第2市場，立即發現青春組與中老年人的擇偶，都陷入比以前更嚴重的困境。心想事成，境由心造！天佑我也，我非常幸運，經歷2年多，心想事成，有了一個老伴，於73歲高齡在2022年12月24日二度結婚。雖然我已擁有一個「湊合、將就」的伴侶，但「眾生有病我有病」，我決定不要置身事外，要為這個社會問題做一點事：把我既有的《7挑8選識佳偶》系統化、影音化成《智能擇偶》，並在2023年成立【故事會】社團，志在為擇偶人解惑及解決需求，祝大家也和我一樣幸福。幸福不能、也不該等待！幸福不在未來，幸福就在今天！努力追求你想過的生活吧！

陳艾妮

陳艾妮 寫於《海角19號》
2022年1月22日初稿　2022年11月17日定稿

找到沒結婚的原因，問題就解決一半了。去除個人及市場的問題，就又解決再一半了。所以接下來的，就是：如何找到你願意「湊合」的對象，及雙方如何「將就」過一生的方法。【智能擇偶】系列的下一本書，就是：《誰是好男人好女人》？怎樣找到「屬於你的好男人好女人」，如何「發現」「確認」對方？什麼樣的男人女人不宜做對象？真正重要的課程做好了，至於「是否該改變造型、如何練成求偶口才？」就都是不重要的事了。【智能擇偶】系列的目的：協助想結婚的人「湊合、將就」出一個《功能婚姻》。

Story Nerwork International

一個人快樂只是快樂，兩個人一起快樂才是幸福！愛情自然會發生，但擇偶需要智慧，婚姻更要學習。幸福就在眼前，幸福不能等待！知識與知道不是力量，行動才是力量！

會員活動：每周聚會一次

活動內容：說故事+故事接龍

會員資格&分區會長資格【諮詢專線】歐陽桂月　0928953869

生日宴？周年慶？聚個餐？多無趣？
來個【周年婚禮】吧！

一站式服務，星級酒店美食+婚紗典禮+再說一次誓言
最佳男女主角回憶愛情故事，
留下婚紗照+家族專屬影片(35 mm film)

【諮詢專線】歐陽桂月　0928953869

讓我們
結婚吧

1個人快樂只是快樂，
2個人快樂才是幸福
每個人都有故事，
在《故事會》講故事吧

華人世界寫書演講繪畫最多女作家
陳艾妮 著

陳艾妮【幸福工程學院since 1982】全集 《7挑8選讓住偶/智能擇偶》系列